1959

Ein guter Jahrgang

Grabenkämp

en im Kalten K

haftswunderki

term Mond • V

• Lichter der C

pelte Freude • Gr

erreißproben i

ir Wirtschaftsv

amals hinterm

Was Young • Li

adt • Doppelte I

kämpfe • Zerre

ten Krieg • Wir

derkinder • Dar

Caroline Rusch

1959
Ein guter
Jahrgang

Weltbild

Inhalt

Historisches

Seite 5

Meine Geschichte

Seite 33

Doppelte Freude

1960 sind wir, meine herrliche Zwillingsschwester und ich, ein Jahr alt geworden. Etwas, das wir mit Ihnen, mit Sting und Hella von Sinnen gemeinsam haben. Wir alle sind Sprösslinge des hervorragenden 59er-Jahrgangs und sahen damals gleichermaßen blauäugig und pausbäckig in die Zukunft. Aber in welche?

Wir wissen jedenfalls genau, dass sich nicht nur bei unserer größeren Schwester zu Anfang die Begeisterung über die Nachzügler in Grenzen hielt – zumal mangels Ultraschall die Überraschung perfekt war! Wer hätte gedacht, dass da noch eins käme, sozusagen als Dreingabe? Freilich keine kostenlose … Schon ein drittes Kind drohte ja das knappe Familienbudget zu sprengen: »Was die kosten – in *diesen* Zeiten!« Mit jenem fassungslosen Aufschrei – nur die Säuglingsschwester war Zeuge – hatte denn auch unser Vater, der den Traum vom Eigenheim zu Recht entschwinden sah, seinem Schock Ausdruck verliehen. Und geschlagene drei Wochen, so will es die Überlieferung, sprach er mit seinem Weibe kein einziges Wort mehr.

In der Zwischenzeit hatte man sich schon an uns gewöhnt. Und so wurden wir im Doppelpack in der Weltgeschichte umherkutschiert, während um uns herum … nun ja … eben diese Weltgeschichte geschah. Schon im zarten Alter bekamen wir einiges davon mit, ohne uns allerdings einen Reim darauf machen zu können. Das dauerte.

Wie hat uns die Zeit geprägt? Wie war sie denn eigentlich, diese »unsere« Zeit? Was war los in diesem Jahr 1959? Unter welchen allgemeinen und besonderen Umständen wurden wir erwachsen – wenn man ein Alter von 18 Jahren so nennen will? Und wie sehen wir jene Zeit heute, da sich der Fünfziger so unbarmherzig wie unmerklich angeschlichen hat? Ist sie umgeben von einer nostalgischen Gloriole? Stimmt uns die Erinnerung sentimental, nachdenklich oder erstaunt? Oder sind wir einfach froh, dass es genau diese Kindheit und Jugend und keine andere war?

Ob in Bayern oder im Ruhrpott – wir waren mittendrin: Sie, Hella, Sting sowie mein treuer kleiner Jean – so nenne ich meine Zwillingsschwester – und ich. Man kann übrigens nur jedem raten, eine Eingabe an die entsprechende Geschäftstelle zu richten und für die nächste Karma-Runde eine Zwillingsschwester zu beantragen. Das Aufwachsen war mit ihr so viel lustiger und spannender als alleine. Wir teilten alle Erfahrungen miteinander – aber viele teilen wir auch mit Hella und Sting. Und nicht zuletzt mit Ihnen, liebe Leserin, lieber Leser. Erinnern Sie sich mit uns – an Ihre und unsere Zeit als 1959er.

Ihre Caroline Rusch

Historisches

Was in unserem Geburtsjahr passierte, hat die Welt beeinflusst, in der wir aufgewachsen sind. Doch haben sich uns natürlich auch die großen Weltereignisse der späteren Jahre eingeprägt.

Grabenkämpfe

Was haben Fidel Castro, der Dalai Lama und der Schah von Persien miteinander gemeinsam? Auf ihnen ruhen 1959 aus ganz unterschiedlichen Gründen die Augen der Weltöffentlichkeit. Aber das ist, sieht man genauer hin, nicht alles. Die Weltpolitik steht in unserem Geburtsjahr ganz im Zeichen des Kalten Krieges. Um Weltgegenden dem Einflussbereich des Gegners zu entziehen, mischen Osten wie Westen überall mit; dass dies auf die Ereignisse in Kuba zutrifft oder auf Vietnam, ist bekannt. Doch auch die Entwicklung in Tibet und im Iran bleibt von dem Systemgegensatz nicht unberührt.

Diese Havanna rauchte lang

In der Silvesternacht von 1958 auf 1959 packt ein kubanischer Diktator seine Koffer und flieht ins Exil, nicht ohne ein erkleckliches Sümmchen aus der Staatskasse mitgehen zu las-

Sie wirken etwas müde, aber nach jahrelangem Guerillakrieg ist das ja ein durchaus menschlicher Zug: Die siegreichen Revolutionäre Fidel Castro (links) und Ernesto »Che« Guevara im Januar 1959 im Vier-Augen-Gespräch.

sen. Es ist Fulgencio Batista, der sich 1952 gegen den Widerstand eines politisch engagierten Anwalts namens Fidel Castro an die Macht geputscht hat. Dieser Castro gibt sein »Widerstandsrecht« auch künftig nicht auf und agitiert weiter gegen Batista. Nach einem gescheiterten Angriff auf eine Kaserne wird er zu einer langen Zuchthausstrafe verurteilt, kommt aber nach zwei Jahren im Zuge einer Amnestie frei. Castro gründet die »Bewegung des 26. Juli« (M-26-7), deren Strategie lautet: Kleine Gruppen organisieren den bewaffneten Widerstand. Er geht vorübergehend nach Mexiko, wo er den argentinischen Mediziner Ernesto Rafael Guevara de la Serna, genannt »Che«, trifft.

Obwohl Batista das versprengte Häuflein anfangs nicht ernst nimmt, wird es durch den Guerillakrieg allmählich ungemütlich in Havanna. Zumal auch die Landbevölkerung hinter Fidel und seinen Getreuen steht. Nach vergeblichen Repressionsorgien und militärischen Niederlagen ist es dann soweit: Batista flieht. Ein Generalstreik gibt seinem Regime den Rest. Anfang Januar zieht Fidel in einem Triumphmarsch in Havanna ein. Er wird *máximo líder* – und der Albtraum der USA.

Unterstützung bekommt Castro von der Sowjetunion unter der Führung Chruschtschows. Dies nährt in den USA den Verdacht, die beiden Mächte wollten Süd- und Mittelamerika kommunistisch unterwandern. Die UdSSR errichtet Raketenabschuss-

Castro mit Kubas Exportschlager, der auch bei kapitalistischen Staatschefs beliebten Havannazigarre.

Cuba libre?

Zunächst waren die Revolutionäre in Kuba angetreten, um nach der Diktatur Batistas eine gerechtere, sozialistische Gesellschaft aufzubauen. Man hatte gerade im sozialen Bereich große Pläne, von denen einige realisiert werden konnten: Die Alphabetisierung wurde vorangetrieben, das Bildungssystem reformiert, das Gesundheitssystem verbessert. Was diese Aspekte angeht, ist Kuba trotz wirtschaftlicher Einschränkungen bis heute führend in Lateinamerika. Die finstere Schattenseite: Unter Fidel Castro wurde ein totalitäres Regime errichtet, in dem es keine Presse- und Meinungsfreiheit gibt. Dissidenten wurden von dem Umsturz an unnachgiebig verfolgt und schwer bestraft – im schlimmsten Fall drohte die Hinrichtung. Zahllose Oppositionelle wurden inhaftiert, mehr als eine Million Menschen sind ins Exil gegangen. Unter dem neuen Staats- und Regierungschef Raúl Castro gab es eine vorsichtige wirtschaftliche Öffnung und erste kleine Schritte hin zur freieren Meinungsäußerung.

rampen auf Kuba. Als die amerikanische Führung davon erfährt, ordnet John F. Kennedy eine Seeblockade an und droht mit einem atomaren Erstschlag.

1962 stehen wir aufgrund der Kubakrise zwei Wochen lang vor dem dritten Weltkrieg. Nach hektischen diplomatischen Rettungsversuchen lenkt die UdSSR ein und baut die Rampen wieder ab. Die USA verzichten auf eine militärische Intervention. Die Welt atmet auf.

Was damals keiner glauben kann: Fidel Castro hat sich etabliert – und er bleibt bis Februar 2008! Erst dann übergibt er die Macht an seinen Bruder Raúl. Länger als Fidel saß noch kein anderer Regierungschef auf seinem Sessel.

Sitzfleisch brauchte man übrigens auch bei seinen berüchtigten Reden, die schon einmal acht Stunden gedauert haben sollen. Neun amerikanische Präsidenten hat der Diktator Castro überstanden und sie ihn. Mit seinem gut abgehangenen Revoluzzer-Charme beeindruckte er sogar die Vereinten Nationen.

Fidel Castro war also fast so lange an der Macht, wie wir nun schon auf der Welt sind! Der Großteil der kubanischen Bevölkerung aber war und ist bitterarm, das Land ist eine letzte Bastion des irreal existierenden Kommunismus. Wenn man genügend Dollars in der Tasche hat, ist auch das kein Problem. 1953, als er wegen seines Widerstandes gegen den Diktator Batista angeklagt wurde, behauptete

Castro: *La historia me absolverá* – Die Geschichte wird mich freisprechen. Ob das immer noch gilt? An der Seite von Castro, der lebenden Legende, wird der Revolutionär Che Guevara zur Pop-Ikone, deren Konterfei später in keiner WG-Küche fehlen darf. Den echten Che hält es nicht in Kuba, er stirbt 1967 im bolivianischen Dschungel einen gewaltsamen Tod. Seiner bis heute nachwirkenden Faszination war der frühe Heldentod wahrscheinlich eher zuträglich: Das Scheitern vieler Illusionen über Kuba in den Jahrzehnten seit seinem Tod kann der Verehrung für ihn nichts anhaben.

China bringt Tibet unter seine Kontrolle

Wir schreiben das Jahr 1937: Zwei buddhistische Mönche kämpfen sich zu Fuß im eisigen Sturm hinauf nach Taktser, ein Dorf im Nordosten Tibets. Was suchen sie in der bettelarmen Bauernsiedlung? Eine Vision leitet sie: Der kleine Lhamo Dhondrub, ein rotbackiger zweijähriger Bub, sei der wiedergeborene Dalai Lama, der aus Liebe und Mitgefühl wieder zu den Menschen kommen will, um ihnen zu dienen. Das Kind besteht alle Prüfungen und zieht mit vier Jahren in den berühmten Potala-Palast ein. Jahre später kommt ein junger österreichischer Geograf und Bergsteiger nach Tibet. Dort lernt er den mittlerweile knapp elfjährigen Dalai Lama, die Reinkarnation eines Bodhisattva, kennen, und wird ihm Lehrer und Freund zugleich. Heinrich Harrers Buch *Sieben Jahre in Tibet. Mein Leben am Hofe des Dalai Lama* fasziniert Generationen von Lesern, denen sich zum ersten Mal diese fremde Welt eröffnet. 1950, im Alter von 15 Jahren, bekommt der Dalai Lama die weltliche Macht über Tibet verliehen.

Nach der chinesischen Revolution 1911/12 wurde das Land faktisch selbstständig, 1913 proklamierte es seine Unabhängigkeit. 1950 wurde Tibet von China annektiert, allerdings unter Zusicherung regionaler Autonomie. Nach verschiedenen Übergriffen Chinas kommt es 1959 zu Aufständen, die rücksichtslos niedergeschlagen werden. Der 14. Dalai Lama flieht über die Berge nach Indien. Im indischen Dharmsala (Himachal Pradesh) gründet er die tibetische Exilregierung. Dorthin folgen dem Dalai Lama mehrere Tausend Menschen. Verzweifelte Eltern schicken ihre Kinder allein über schneebedeckte Pässe: Sie sollen ihr Leben nicht in der Unfreiheit Tibets verbringen, wo sie durch die rigorose Besiedlungspolitik Chinas zusehends zur Minderheit im eigenen Land werden. Die Exzesse von Maos Kulturrevolution machen auch vor Tibet nicht halt. Unschätzbare Kulturgüter wie Klöster oder Handschriften werden willentlich zerstört. Neben dem spirituellen Leben werden auch Tibets politische Strukturen zerschlagen; Mönche und Regimegegner werden mit unerbittlicher Härte verfolgt.

Der Dalai Lama begrüßt tibetische Flüchtlingskinder im indischen Exil mit einem glückbringenden Schal.

Aufstände wird es dennoch immer wieder geben, so auch 1989. In diesem Jahr wird das Kriegsrecht über Tibet verhängt. 2008 findet in China die Olympiade statt. Die Augen der Weltöffentlichkeit richten sich auf die Bilder tibetischer Mönche, die gegen China protestieren. Viele ziehen die Möglichkeit eines bewaffneten Kampfes in Betracht, auch wenn der Dalai

Hitler und Himalaya

Der österreichische Bergsteiger und Dalai-Lama-Freund Heinrich Harrer ist, seit anlässlich der Verfilmung seines Bestsellers *Sieben Jahre in Tibet* 1997 NS-Verstrickungen bekannt wurden, eine umstrittene Figur. Nach eigenen Angaben trat er 1933, lange vor dem »Anschluss« Österreichs an das nationalsozialistische Deutschland, in die SA ein. Viele Jahre später damit konfrontiert, bezeichnete er das als Fehler – der ihn allerdings nicht daran gehindert hatte, darüber hinaus Mitglied der NSDAP und der SS zu werden. Als ihm 1938 die Erstbesteigung der Eiger-Nordwand gelungen war, empfing ihn Adolf Hitler persönlich. Nach Tibet kam Harrer, weil er aus englischer Kriegsgefangenschaft fliehen musste: Während er im Auftrag der nationalsozialistischen Machthaber auf einer Expedition zum Nanga Parbat unterwegs war, brach der Zweite Weltkrieg aus, und er wurde von den Engländern, die die Region damals noch zu ihren Kolonialgebieten zählten, interniert. Harrer kehrte erst 1951 über Indien nach Europa zurück. Zu seiner Entlastung ist zu sagen, dass er aufgrund des langen Auslandsaufenthaltes von den Nationalsozialisten nur zu Propagandazwecken herangezogen werden konnte; ehemalige Mitgefangene berichten allerdings von Harrers eindeutig nationalsozialistischer Haltung. Er selbst machte bis zu seinem Tod im Jahr 2006 keinen Versuch der Aufarbeitung.

Lama heute immer wieder zu gewaltfreier Gegenwehr mahnt. Doch wie immer in der Politik gibt es auch hier Ambivalenzen: Selbst der Dalai Lama ist kein reiner Friedensfürst – wenn er auch 1989 mit dem Friedensnobelpreis ausgezeichnet wurde. Bereits in den 50er-Jahren begann auch der Guerillakampf in Tibet, den der Dalai Lama damals sogar befürwortete. Unterstützung erhielt Tibet von den USA, die natürlich ein Interesse daran hatten, gegen das kommunistische China vorzugehen.

Dennoch: Seit seiner Flucht ins indische Exil gilt der Dalai Lama seinen Anhängern und Bewunderern weltweit als ein Symbol des gewaltlosen Widerstandes, der Güte und des Friedens.

Wie lange dauern 1001 Nacht?

Weihnachten 1959 finden die Klatschblätter reißenden Absatz. Es gibt wieder Geschichten aus 1001 Nacht: Liebe, Leid, Intrigen … Nichts ist schöner als eine Adelshochzeit: Am 21. Dezember 1959 heiratet der Schah von Persien, Mohammad Reza Pahlavi, in dritter Ehe die schöne Architekturstudentin Farah Diba. Sie wird die Lady Di der 60er: elegant, glamourös und gebildet. Die Regenbogenpresse hat wieder ein Traumpaar. Was aber wäre das glücklich liebende Paar gewesen ohne die traurige Dritte im Bunde? Sie ist die tragische Heroine: Soraya Esfandiary-Bakhtiari, Farahs

Reza Mohammad Pahlavi und seine dritte Ehefrau Farah Diba am Tag ihrer Hochzeit. 20 Jahre später wich die Galauniform des Schahs dem Turban Chomeinis – auf Demokratie warten die Iraner bis heute vergebens.

Vorgängerin auf dem Pfauenthron, der übrigens mit lumpigen 26 733 Edelsteinen besetzt ist. Soraya wurde wie Fausia, die erste Frau des Schahs, verstoßen, weil sie keinen männlichen Thronfolger gebar. Von Krankheiten, Katastrophen und Krisen geschüttelt, wird Soraya die Welt und den Blätterwald bis zu ihrem Ableben heftig bewegen: Ein wenig üppige Romantik aus dem Orient für die Leserinnen.

Doch so weit weg ist Persien keineswegs … Die Handelsbeziehungen zu Deutschland sind vortrefflich. Schah Reza Pahlavi versucht, das Werk seines Vaters fortzusetzen und aus dem Entwicklungsland Persien im Turbotempo eine moderne Industrienation zu machen, die westlich orientiert ist und Religion und Staat strikt trennt. Unterstützt wird er von den USA, die verhindern wollen, dass der Iran zum Verbündeten der Sowjets wird. Nach außen hin setzt sich Reza Pahlavi für wirtschaftlichen Fortschritt, Bildung und die Emanzipation der Frau ein. Doch dahinter sieht es anders aus: Sein verschwenderischer Lebensstil steht der großen Armut im Land gegenüber; seine despotische Politik, die Verfolgung von Intellektuellen, die Bespitzelung, Folterung und Ver-

Ex-Kaiserin Soraya 1964 in Venedig. Erinnert der Hut an den verlorenen Pfauenthron? Sie starb 2001 im Alter von 69 Jahren in Paris.

schleppung von Zigtausenden durch die Geheimpolizei *Savak* sorgen inner- und außerhalb des Landes für Kritik – auch an den »imperialistischen« USA, als deren Marionette der Schah von seinen Gegnern bezeichnet wird. Geoffrey Kemp, der Sicherheitsberater des späteren US-Präsidenten Ronald Reagan, soll über den Schah gesagt haben: »Er war ein Hurensohn. Aber er war unser Hurensohn.«

Der Besuch des Schahs in Deutschland wird 1967 – in nicht allzu ferner Zukunft also – zur Ausweitung und Radikalisierung der Studentenbewegung führen. Gegen das Schahregime demonstrierende Studenten werden von »Jubelpersern«, so nennt man die zum Staatsbesuch mitangereisten ira-

nischen Geheimdienstmitarbeiter, niedergeknüppelt. Im Verlauf der Unruhen schießt die Polizei in die Menge und trifft den unbewaffneten Benno Ohnesorg. Er stirbt noch im Krankenwagen.

Schah Reza Pahlavi krönt sich, wieder zurück in Persien, erst einmal zum Kaiser. Die Herzen der Klatschpresse-Leserinnen schlagen ungeachtet der Ereignisse der jüngsten Vergangenheit höher, als sie lesen, mit wie vielen Pfund Perlen und Diamanten Farah Dibas Diadem bei der Ernennung zur *Schahbanu* des *Schahinschah* verziert ist. Die Namen ihrer Kinder bleiben uns unsere Jugend hindurch vertraut: Cyrus Reza, Masumeh Fahranaz, Ali Reza und Leila …

Der Schah verliert schließlich den Rückhalt im eigenen Land vollkommen. 1979 wird Persien durch die islamische Revolution erschüttert. An deren Spitze steht Ayatollah Chomeini. Die Pahlavis fliehen, kommmen vorübergehend in den USA unter, 1980 stirbt der Schah im ägyptischen Exil. Ob Chomeini eine gute Lösung war, bleibt angesichts des heutigen Mullah-Staates Iran zu bezweifeln.

Und die Regenbogenpresse? – Farah Diba bleibt einer ihrer Lieblinge. Das zumindest hat sie mit ihrer Vorgängerin Soraya gemeinsam. Sie lebt heute abwechselnd in den USA, Frankreich und Ägypten und widmet sich karitativen Aufgaben. Sie hat eine eigene Webseite als »Kaiserin von Persien«, und ihr Lidstrich ist immer noch legendär …

Zerreißproben im Kalten Krieg

Deutschland ist 1959 zwar noch nicht durch eine Mauer getrennt, aber die Kluft wird tiefer. In den 14 Jahren, die seit dem Ende des Krieges vergangen sind, sind nicht alle Wunden verheilt; vielmehr haben Ost und West sehr unterschiedliche Wege eingeschlagen.

Wiedervereinigung? *Njet!*

Der Genfer See ist im Mai idyllisch, der Blick in die Alpen grandios. Man möchte lieber dem Plätschern der Wellen lauschen, anstatt Kompromisse zu suchen, deren Scheitern von vornherein wahrscheinlich ist. Im Genfer *Palais des Nations* findet 1959 das drei Monate währende »Zwie-gespräch der Schwerhörigen« statt, wie die *ZEIT* schreibt. In der mit Gromyko, Lloyd, Couve de Murville und Herter besetzten Außenminister-konferenz der vier Siegermächte wird gezielt aneinander vorbeigeredet … Der Zweck des Treffens? Die Bundesrepublik hat sich mittlerweile politisch, militärisch und wirtschaftlich nach Westen orientiert, die DDR nach Osten. Wie steht es nun um die ungelöste Frage der Wiedervereinigung Deutschlands? Kann diese im Interesse der DDR und vor allem der Sowjetunion liegen? Zumal schon etliche DDR-Bürger »rübergemacht« haben, weil sie für sich im Sozialismus keine Zukunft sehen? Auch die Feierlichkeiten und die zu diesem Anlass gewähr-

Die Außenminister der vier Siegermächte im Sommer 1959 in Genf, von links nach rechts Gromyko, Herter, Lloyd und – ganz rechts – Couve de Murville. Worüber sich Lloyd so amüsiert, während seine Kollegen um welthistorische Ernsthaftigkeit bemüht sind, ist leider nicht überliefert.

Bundesaußenminister Heinrich von Brentano verbindet am 13. Mai 1959 Zeitungsstudium mit Erholung.

ten Vergünstigungen zum zehnjährigen Bestehen der DDR konnten den Flüchtlingsstrom nur kurzfristig eindämmen.

Die Antwort lautet: *Njet* – DDR und UdSSR drängen auf die internationale Anerkennung beider deutscher Staaten. Abgrenzung ist daher das Gebot der Stunde. Nikita Chruschtschow hatte im November zuvor gefordert, Berlin müsse innerhalb von sechs Monaten vereinigt, entmilitarisiert und zur freien Stadt erklärt werden. Ansonsten werde man die DDR in die Souveränität entlassen. Der Regierende Bürgermeister Willy Brandt lehnt jedoch eine isolierte Lösung der Berlinfrage ab: Es müsse um die Überwindung der Spaltung Deutschlands gehen. In Genf steht mit dem amerikanischen Herter-Plan ein Vorschlag

des Westens zur Diskussion. Das Vier-Stufen-Papier zur Wiedervereinigung gilt als konstruktive Antwort auf das sowjetische Ultimatum.

Moskau aber mäkelt und kritisiert: *Njet!* Vor allem der erste Punkt der Friedensregelung missfällt: Die Ausdehnung der gemeinsamen Kontrolle auf ganz Berlin. Den Sowjets war es im November-Ultimatum letztendlich darum gegangen, dass ganz Berlin in die DDR eingegliedert werden kann. Trotz dreiwöchiger Vertagung der Konferenz wird der so fieberhaft gesuchte Kompromiss am Genfer See nicht gefunden. Kein Wunder: Ein Kompromiss ist nicht das, worauf die UdSSR und die DDR aus sind. Einer Wiedervereinigung Deutschlands, so viel macht man klar, werde man nur zustimmen, wenn die Einführung eines sozialistischen Systems zugesichert würde. Natürlich lehnt nicht nur der Amerikaner Herter dies ab. Doch er plädiert dafür, die Genfer Konferenz als permanentes Gremium beizubehalten, um im Dialog zu bleiben und so den Weg für eine zukünftige Lösung offenzuhalten. Doch wieder heißt es vonseiten der Russen: *Njet!*

Damit ist die Konferenz geplatzt. Unverrichteter Dinge trennt man sich, eine Wiedervereinigung ist in weite Ferne gerückt. Der Herter-Plan sollte der letzte gemeinsame Vorschlag der Alliierten zu diesem Problem sein. Immerhin verstreicht das Ultimatum Chruschtschows, ohne dass etwas geschieht. Schon atmet man auf. Doch drei Jahre später, im August 1961, wird die Teilung Deutschlands buchstäblich zementiert. Kurz zuvor hatte Walter Ulbricht noch verkündet: »Niemand hat die Absicht, eine Mauer zu errichten!« Erst im Jahr 1989 wird der »antifaschistische Schutzwall« fallen. Wir 1959 Geborenen haben die Mauer alle miterlebt – ob auf der einen oder auf der anderen Seite.

Bundespräsident im Wechselrahmen

Theodor Heuss scheidet am 12. September 1959 aus dem Bundespräsidentenamt. Als Nachfolger präsentiert sich – alle wundern sich! – kein Geringerer als Konrad Adenauer, der greise Bundeskanzler. Er tut dies in der Hoffnung, in der neuen Stellung nicht nur repräsentieren, sondern auch politisch gestalten zu können. Als er einsehen muss, dass das nicht geht, zieht er seine Kandidatur kurzerhand wieder zurück. Stattdessen wird am 1. Juli 1959 in Berlin der spröde Sauerländer und bisherige Bundesernährungs- und Landwirtschaftsminister Heinrich Lübke zum zweiten Bundespräsidenten der BRD gewählt. Schon damals, so heißt es, sei es mit seinem Gesundheitszustand nicht zum Besten gestanden. Er litt wohl bereits vor Amtsantritt unter einer Gehirnsklerose, die sich nach und nach verschlimmern sollte.

Heinrich Lübke setzt sich wie kein anderer für die Entwicklung Afrikas ein. Bereits in seiner Antrittsrede

macht er auf Probleme aufmerksam, die andere Politiker nicht wahrnehmen, und mahnt, der ethischen Verpflichtung nachzukommen. Es bleibt nicht bei bloßen Lippenbekenntnissen: Lübke macht sich um die Entwicklungshilfe verdient. Als Außenpolitiker ist er geachtet, in Afrika wird er für sein Engagement geehrt. Im eigenen Land aber wird er außer durch seine unaufgeregte, solide Art sowie sein Eintreten für eine Große Koalition noch durch etwas anderes berühmt-berüchtigt: Im Laufe seiner Amtszeit mehren sich seine legendä-

Kanzler Adenauer (rechts) gratuliert am 1. Juli 1959 dem frisch gewählten neuen Bundespräsidenten Heinrich Lübke.

ren verbalen Ausrutscher in unglaublicher Weise. Manches ist wohl eine fantasievolle Erfindung, etwa das Ablesen der Olympischen Ringe: OOO – OO. Ob der in einem für Muttersprachler unverständlichen Deutsch-Englisch gehaltene Satz »Equal goes it loose« – »Gleich geht's los« wirklich auf sein Konto geht, ist ebenfalls ungeklärt. Immerhin setzt der Bayerische Rundfunk die Liveübertragung der Vorstellungen der »Münchner Lach- und Schießgesellschaft« ab, nachdem dort darüber gewitzelt wurde. Andere Klöpse aber sind belegt, die Auslandsreisen Lübkes sind unter Journalisten begehrter Stoff. Die Kollegen im Bundestag ächzen. »Es geht nicht mehr, es geht nicht mehr!«, soll auch Golo Mann sich die Haare gerauft haben. Besonders schlimm wird es, wenn er »frisch drauflos improvisiert«. In Kanada gibt er zu Protokoll, er sei bereits oft mit seinem Freunde Karl May dort gewesen, was der kanadische Premier erstaunt zur Kenntnis nimmt. In Madagaskars Hauptstadt Tananarive glänzt er mit den einleitenden Worten »Sehr geehrter Herr Präsident, sehr geehrte Frau Tananarive«. Schließlich werden es der Perlen deutscher Redekunst so viele, dass die Satirezeitschrift *Pardon* die Sammlung *Heinrich Lübke redet für Deutschland* herausgibt.

Dennoch wird er 1964 wieder gewählt. 1968 gerät Lübke durch einen Bericht der Zeitschrift *stern* in den Verdacht, ein vermeintlicher KZ-Baumeister gewesen zu sein. Tatsächlich scheint er in einem Albert Speer unterstellten Ingenieurbüro für den oft tödlichen Arbeitseinsatz von KZ-Häftlingen verantwortlich gewesen zu sein. Heinrich Lübke gerät so unter Druck, dass er 1969, zwei Monate vor Ende seiner Amtszeit, zurücktreten wird … Als Kinder gehen wir jeden Tag im Schulzimmer achtlos an seinem Porträt vorüber.

Die LPG-Pflicht

Am 8. Juni 1959 erlässt Wilhelm Pieck, der Präsident der DDR, das Gesetz über die landwirtschaftlichen Produktionsgenossenschaften. Faktisch ist die bereits seit 1952 andauernde Kollektivierung der Landwirtschaft zu diesem Zeitpunkt schon sehr fortge-

Die marxistische Theorie scheiterte im »real existierenden Sozialismus« der DDR immer wieder an der Realität.

schritten. Von einem »freiwilligen Zusammenschluss werktätiger Bauern und Bäuerinnen«, wie im Paragraf 1 zu lesen, kann allerdings keine Rede sein. Ideologischer Druck wird hinreichend ausgeübt: Aus Bauern, die ihr Land nicht für die Volksernährung verstaatlichen lassen wollen, macht man verachtete Außenseiter und »Volksschädlinge«. Nachzulesen sind jene perfiden Methoden eindrucksvoll in Uwe Johnsons großem Roman *Jahrestage*. Die sogenannten »Aufklärer«, darunter auch die Stasi, hatten so ihre Mittel, um widerstrebende Landbesitzer umzustimmen. Viele Bauern versteckten sich, wenn die »Werber« kamen. Andere flohen über die Grenze nach Westdeutschland. Manche Dörfer wiederum einigten sich darauf, kollektiv zu unterschreiben.

Kein Einzelfall sind in jener Zeit Erlebnisse wie die des Bauern Lindemann, über die er auf der Website www.kollektives-gedaechtnis.de berichtet: Der Trecker des Bauern Lindemann muss an einem schönen Herbstmorgen im September 1959 einiges aushalten. Es ist Heuernte auf dem Feld in Nosdorf an der Stecknitz, einem kleinen Grenzfluss zu Westdeutschland. Warum beobachten zwei Vopos ihn und seine Eltern? Die Lindemanns stehen unter Aufsicht, weil sie nicht der LPG beitreten wollen. Als die Polizisten einen Moment unachtsam sind, ergreift Lindemann seine Chance. Wie hat die SED ihn und seine Familie schikaniert! Sechs Monate saß sein Vater im Gefängnis.

Arbeiter- und Bauernstaat

»Du hast als Genossenschaftsbauer selbst die Bauernbefreiung unter der Führung der Arbeiterklasse errungen. Hüte stets das Bündnis mit der Arbeiterklasse wie deinen eigenen Augapfel, denn das Bündnis der Arbeiterklasse und der Bauern ist die Grundlage des Friedens, der Demokratie und des Sozialismus«, ließ Walter Ulbricht im Frühjahr 1960 verlauten. Am 14. April 1960 wurde die landwirtschaftliche Kollektivierung in der DDR offiziell für abgeschlossen erklärt. 84 Prozent der landwirtschaftlichen Flächen, 800 000 bäuerliche Privatbetriebe sind in 19 000 LPGs aufgegangen. Anfangs, 1952, gab es noch einige Befürworter, vor allem unter den »Neubauern« mit ihren noch wenig wirtschaftlichen Kleinbetrieben, die ihnen durch die Bodenreform und die Umverteilungen 1945/46 zugestanden worden waren. Doch der Widerstand wuchs rasch, von Freiwilligkeit konnte bald kaum mehr die Rede sein. Am DDR-Volksaufstand 1953 war ein beachtlicher Teil der Landbevölkerung beteiligt. 1960 schließlich wurden innerhalb von drei Monaten etwa 400 000 landwirtschaftliche Produzenten in die Kollektivierung gezwungen. Zehntausende von Bauern waren inzwischen gen Westen aufgebrochen. Dem Rest blieb wenig anderes übrig, als sich zu arrangieren – das Einzige, was man noch als »Bauernbefreiung« durchgehen lassen könnte, waren die geregelten Arbeitszeiten in den LPGs.

Mitarbeiterinnen der Landwirtschaftlichen Produktionsgenossenschaft (LPG) Sülstorf (Bezirk Schwerin) in Reih und Glied – so sah das noch 1987 aus. Mit einer Handpflanzmaschine legen die Frauen vorgekeimte Kartoffeln in die Erde.

Bauer Lindemann gibt Gas und fährt mit Karacho durch die Stecknitz. Er gelangt fast ans andere Ufer, bevor der Anhänger im Schlamm stecken bleibt. Schießen dürfen die Grenzposten hier nicht – die Familie ist in Sicherheit! Die Bewohner des westdeutschen Dorfes auf der anderen Seite helfen dabei, das Gefährt aus der Stecknitz zu ziehen, bevor die Vopos es beschlagnahmen können. Lindemanns bleiben, was sie auch in der DDR sein wollten: freie Bauern. Nach der Flucht werden die »Sollrückstände« des »Großbauern Lindemann« in einem Flugblatt aufgerechnet: So habe er der DDR neben Tonnen von Fleisch auch Milch geschuldet, aus der man über 3000 Kilogramm Butter hätte herstellen können. Nun, so die Hetzschrift, werde Lindemann in der »bauernfeindlichen Agrarpolitik der

Adenauer-Regierung auf Kosten der Mittel- und Kleinbauern sowie der Landarbeiter sein betrügerisches müheloses Wohlleben fortsetzen«. Nach der Wende gelingt es den Lindemanns, ihr Land wiederzubekommen.

Für die Landwirtschaft nicht gerade hilfreich ist der Einsatz von möglicherweise linientreuen, aber in Ackerbau und Viehzucht unerfahrenen Mitgliedern der DDR-Jugendorganisationen in den LPGs. Ob Entenmast oder Schweinezucht – die Pioniere haben mit handfesten Problemen zu kämpfen. Das Plansoll, die Über- bzw. Nichterfüllung werden zu Spottwörtern im Westen und die LPGs zum Gegenstand subversiver Witze im Osten. Und über all dem hört man immer noch Erich Honeckers Stimme: »Den Sozialismus in seinem Lauf hält weder Ochs noch Esel auf.«

Die Genossen werden blau

Ein Parteitag ist nur selten richtig spannend: Da gibt es Rituale wie das »Abwatschen« des politischen Gegners, Vorstandswahlen, Ansprachen und Aussprachen, Rechenschaftsberichte. Und über allem die ewige Kungelei: »Wer mit wem?« Ein Parteitag, ob schwarz, rot, gelb oder grün, scheint heute wie der andere ... Vom 13. bis 15. November 1959 aber war es anders: An diesen Tagen verabschiedet die SPD das Godesberger Programm – und beschreitet damit den Weg zur Volkspartei. Wie so oft zeigt sich nach einer schweren Enttäuschung die Notwendigkeit innerer Erneuerung. Die SPD muss auf den gesellschaftlichen und politischen Wandel der Nach-

kriegszeit reagieren, wenn sie Regierungsverantwortung übernehmen will. Und natürlich will sie das! Deshalb sind die Genossen nach der herben Wahlniederlage von 1957 selbstkritisch mit sich ins Gericht gegangen.

Was sind die Kernpunkte des neuen Parteiprogramms? Wesentliche Bestandteile sind zum einen das Bekenntnis zur Landesverteidigung, also zu Bundeswehr und NATO. Viele kostet das große Überwindung. Die Wiederbewaffnung der BRD nach dem Krieg und dem Widerstand der SPD gegen die Nationalsozialisten ist für viele Genossen schwer zu verdauen. Doch dass die Parole: »Nie wieder Krieg!« Wirklichkeit wird, ist eher unwahrscheinlich ... In der Einleitung des Programms ist dementsprechend

Die Genossen auf dem außerordentlichen SPD-Parteitag in Bad Godesberg werden auf die neue Linie eingeschworen. Ganz links der Parteivorsitzende Erich Ollenhauer, neben ihm (mit Pfeife) sein Vize Herbert Wehner.

Die 340 Delegierten beschlossen in der Stadthalle von Bad Godesberg ein Grundsatzprogramm, das bis 1989 in Kraft bleiben sollte.

der Mensch möge die neuen Errungenschaften zu friedlichen Zwecken einsetzen. Sodann sagen die Genossen Ja zur Marktwirtschaft. Allerdings soll einseitige Konzentration wirtschaftlicher Macht der Kontrolle der Öffentlichkeit unterstehen. Der Lehre von Karl Marx wird kollektiv abgeschworen: Die Genossen, mehrheitlich aus der Arbeiterbewegung stammend, gehen auf Distanz zum Kommunismus – die neue Zielformulierung lautet »demokratischer Sozialismus«. In jenen Zeiten, da es noch Beitragsmarken zum Einkleben gibt, muss sich der Kassierer, der höchstpersönlich abends vorbeikommt, um den Mitgliedsbeitrag nebst kleiner Spende für die Parteikasse einzutreiben, dafür aus dem linken Flügel zum Teil wohl auch Kritik anhören. Doch der neue Kurs steht fest.

Man zeigt diese Abgrenzung auch farblich: Das Rot der Arbeiterbewe-

wiederholt von der größten Sorge des atomaren Zeitalters die Rede: vom drohenden »Chaos der Selbstvernichtung«, vom Widerspruch, das Atom entfesselt zu haben und nun die Folgen fürchten zu müssen. Es wird aber auch der Hoffnung Ausdruck gegeben,

Der Weg zur Neuen Mitte

Mit ihren 145 Jahren ist die SPD die älteste noch bestehende und parlamentarisch vertretene Partei Deutschlands. Lange verstand man sich als traditionelle Arbeiterpartei – noch Mitte der 1950er erfuhr die SPD die seit ihrem Bestehen höchste Zustimmung aus Arbeiterkreisen. Nach der Kurswende des Godesberger Programms veränderte sich das, man sprach, wie beabsichtigt, die Mittelschicht stärker an. Heute gehören

unter den Mitgliedern nur noch 8 Prozent der Arbeiterschaft an, obwohl mindestens 30 Prozent der Erwerbstätigen Arbeiter sind. Sie wurden zahlenmäßig von den Angestellten und Beamten überholt. 80 Prozent der SPD-Abgeordneten sind Akademiker; Gewerkschaftsführer sind in der Fraktion nicht mehr vertreten. »Wer hat uns verraten? – Sozialdemokraten!«, ruft heute keiner mehr, aber als Wähler wandern die Arbeiter vor allem zu den Unionsparteien und teilweise zur Linken ab.

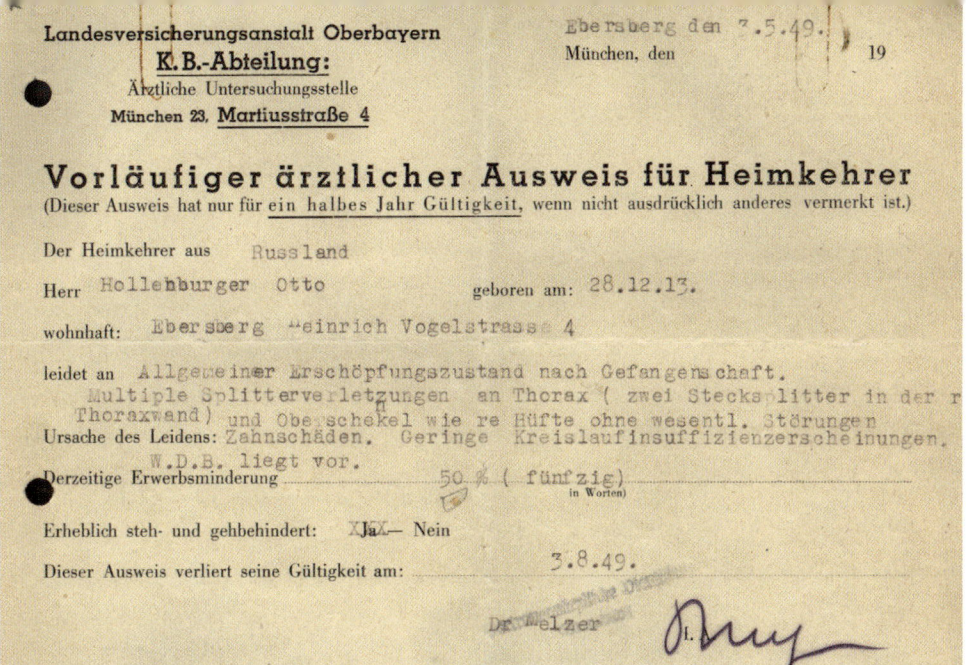

Landesversicherungsanstalt Oberbayern
K.B.-Abteilung:
Ärztliche Untersuchungsstelle
München 23, Martiusstraße 4

Ebersberg den 7.5.49.
München, den   19

Vorläufiger ärztlicher Ausweis für Heimkehrer

(Dieser Ausweis hat nur für ein halbes Jahr Gültigkeit, wenn nicht ausdrücklich anderes vermerkt ist.)

Der Heimkehrer aus   Russland

Herr Hollenburger Otto   geboren am: 28.12.13.

wohnhaft: Ebersberg Heinrich Vogelstrasse 4

leidet an Allgemeiner Erschöpfungszustand nach Gefangenschaft.
     Multiple Splitterverletzungen an Thorax (zwei Stecksplitter in der r
     Thoraxwand) und Oberschekel wie re Hüfte ohne wesentl. Störungen
Ursache des Leidens: Zahnschäden. Geringe Kreislaufinsuffizienzerscheinungen.
     W.D.B. liegt vor.
Derzeitige Erwerbsminderung _____ 50 % (fünfzig)
                                                        in Worten)

Erheblich steh- und gehbehindert: Ja — Nein

Dieser Ausweis verliert seine Gültigkeit am: 3.8.49.

                                        Dr. Melzer

So weit die Füße tragen *behandelte das Schicksal eines Deutschen in russischer Gefangenschaft. Auch unser Vater war einer von ihnen. 1949 wurde er entlassen, woraufhin ihm bei der Heimkehr nach Bayern diese ärztliche Bescheinigung ausgestellt wurde.*

gung weicht kühlem Blau, das uns heute eher an die Christsozialen gemahnt … Ferner setzt sich die SPD für eine staatliche Mindestrente ein, darüber hinaus – und das ist keineswegs selbstverständlich im Nachkriegsdeutschland, wo nun wieder die heimgekehrten Familienoberhäupter das Heft in der Hand haben – für die Gleichstellung der Frau. Konservative Ehemänner sind gar nicht begeistert, wenn die Gattin Parteimitglied ist …

Mit diesem Programm beschreitet die SPD den Weg in die Mitte der Gesellschaft. Untrennbar damit verbunden ist der Name des Regierenden Bürgermeisters von Berlin, des damals 46-jährigen Willy Brandt. 1961 wird er als Kanzlerkandidat zur Bundestagswahl antreten. Die Erneuerung hat Erfolg, der SPD strömen die Wähler in Scharen zu.

TV-Straßenfeger
So weit die Füße tragen

Für viele Kriegsheimkehrer und ehemalige Gefangene – für unsere Väter – spielt die Serie *So weit die Füße tragen* 1959 eine gewaltige Rolle. Vielleicht gibt sie ihnen, die nicht über das Erlebte sprechen wollen oder können, endlich eine Stimme. Und was noch wichtiger ist: Zumindest auf dem Bildschirm werden sie rehabilitiert. Den TV-Sechsteiler nach dem Tatsachen-Roman von Josef Martin Bauer dreht der Regisseur Fritz Umgelter. Geschildert wird das ergreifende Schicksal des deutschen Kriegsgefangenen Clemens Forell, der aus einer sibirischen Bleimine flieht und sich bis in den Iran durchschlägt. Am 12. Februar 1959, als der erste Teil über den Bildschirm flimmert, sitzt die Familie einträchtig

Heimkehrer

»Heimkehrer« nennt man deutsche Militärangehörige, die während des Zweiten Weltkrieges im Ausland in Kriegsgefangenschaft geraten waren und erst nach der Kapitulation wieder freikamen. Die meisten kehrten bis Ende 1949 zurück. Nach Schätzungen kamen zwischen 600 000 und einer Million in der Gefangenschaft um. Laut dem Suchdienst des Roten Kreuzes ist bis heute das Schicksal von 1,3 Millionen weiterer ehemaliger Soldaten ungeklärt. Die Deutschen selbst internierten zwischen 1941 und 1945 allein über fünf Millionen sowjetische Soldaten; von ihnen starben 3,2 Millionen. Nach ihrer Rückkehr hatten viele Probleme, sich wieder im zivilen Leben zurechtzufinden. Vor allem die Integration in den beruflichen und familiären Rahmen fiel schwer, umso mehr, da viele bleibende Schäden davongetragen hatten. Zahlreiche Kunstwerke widmen sich den Schwierigkeiten der Heimkehrer, so zum Beispiel *Draußen vor der Tür* von Wolfgang Borchert.

Wolfgang Borchert starb einen Tag vor der Premiere seines Theaterstückes, das das Los eines Heimkehrers behandelt.

auf der Couch. Buch und Fernsehverfilmung treffen den Nerv der Kriegsgeneration: Ein schuldloser, tapferer Held; Not und Entbehrung, Heldenmut, Kameradschaft, Verrat und tödliche Gefahr … es ist dramatisch, spannend und erschütternd, ohne dass es den ehemaligen Soldaten an die Ehre geht. Noch keine *Holocaust*-Serie, keine Wehrmachtsausstellung legen die Kriegsverbrechen offen. Der Mann, dessen Memoiren den Stoff des Romans geliefert hatten, wird sich übrigens zeitlebens weigern, seinen wahren Namen publik zu machen.

Nebenbei schreibt die Miniserie als erste deutsche Großproduktion Fernsehgeschichte. Anders als die erzählte Geschichte sind die Filmlandschaften Fiktion. Die Weiten Sibiriens sind in Wirklichkeit urbayerische Gefilde, die Bleimine, in der Forell und seine Kameraden schmachten, wird in den Bavaria-Studios im Münchner Geiselgasteig nachgebaut. Doch das tut der Glaubwürdigkeit keinen Abbruch.

So weit die Füße tragen könnte auch heißen: »So lang die Sender senden«. Der Erfolg war so groß, dass bis heute in der Weihnachtszeit auf einem der dritten Programme Clemens Forell – und mit ihm unsere Väter – durch den Schnee stapfen. 2001 gab es eine Kinofassung, die jedoch stark von der Vorlage abweicht und das »Abenteuerliche« der Flucht in den Mittelpunkt stellt. Jenen, die damit noch ihr eigenes Erleben und Schicksal verbinden, wird das reißerische Ergebnis nicht gefallen haben.

Starfighter oder Mach mir den Überschallknall!

Für die 1955 gegründete Bundeswehr werden am 6. Februar 1959 die ersten US-Starfighter bestellt. Die bisherigen Flugzeugtypen sollen durch ein Mehrzweckkampfflugzeug ersetzt werden, um sowjetische Bomber abzuwehren. Diese Aufgabe ist jedoch bald hinfällig, da die UdSSR wie die USA auf Interkontinentalraketen umsteigen. Die offizielle Bezeichnung des legendären Kampfjets Starfighter lautet Lockheed F-104. Es kommen unterschiedliche Versionen und Lizenzproduktionen zum Einsatz, in Deutschland etwa die F-104 G. Das G steht für Germany.

Auch andere NATO-Partner werden mit den Maschinen ausgerüstet, darunter Belgien und Dänemark. Der Flugzeug-Typ bricht in mancher Weise Rekorde: Bereits 1959 hält ein Modell aus der Starfighter-Familie die Spitzenposition in Flughöhe, Geschwindigkeit und Steigzeit! Der andere Rekord indes ist von trauriger Art – weshalb das Flugzeug im Volksmund auch »Witwenmacher«, »Erdnagel« oder »Fallfighter« genannt wird – und selbst von Bewunderern »The Beautiful Death«. Von den 916 Starfightern der Bundeswehr stürzen knapp ein Drittel, nämlich 253 Maschinen, ab. 110 Piloten verunglücken tödlich. Oft ist die mangelnde Sicherheit des

Der Starfighter war ursprünglich als Abfangjäger geplant. Allerdings führte die von der Bundeswehr geforderte Erweiterung des Leistungsspektrums zu einer technischen Überfrachtung der Maschine. Das überforderte die Piloten – mit schlimmen Folgen.

Wegen Abstürzen wie diesem am 18. März 1966 bei Klosterlechfeld (Bayern) machte das Wort »Starfighter-Krise« die Runde.

Schleudersitzes der Grund. 1966 wird mit 26 Abstürzen das schwärzeste Jahr.

Untrennbar mit den Starfightern verbunden ist das Bild einer Kondensstreifenspur auf tiefblauem Sommerhimmel. Das Kreischen und Dröhnen der Sturzflieger hat man als Kind oft im Ohr. Insbesondere den Überschallknall: die hörbare Auswirkung der Stoßwelle, welche auftritt, wenn sich ein Flugzeug mit Überschallgeschwindigkeit bewegt. Deshalb beschäftigt uns Kinder auch die sogenannte »Schallmauer«, die wir uns hoch oben im Himmel aus Ziegeln gebaut vorstellen. Wirklich verstanden hat man das bis heute nicht … So viel sei verraten: Die Schallgeschwindigkeit wird mit der Einheit Mach gemessen und beträgt in größeren Höhen 292 Meter pro Sekunde (1050 Stundenkilometer). Nähert sich das Flugzeug der Schallgeschwindigkeit, schiebt die Maschine eine Verdichtungsfront vor sich her; die Flugzeuge brauchen einen zusätzlichen Schub, um diese »Schallmauer« durchbrechen zu können. Wenn sich die Maschine schneller bewegt, als sich die Wellen ausbreiten können – das Flugzeug also Überschallgeschwindigkeit erreicht –, bilden die Druckwellen um sie den Machschen Kegel. Dann scheppert's, dass alle Scheiben klirren und Socken stopfende Hausfrauen zu Tode erschrecken … Die gewaltige Pannenserie beruhigte da kaum!

Schließlich trennt sich der Bund von den Kampfjets. Am 22. Mai 1991 landet der letzte Starfighter, eine Ära geht zu Ende; der Fensterkitt bröckelt nicht mehr. Wollte jemand in teurer Erinnerung an vibrierende Vitrinen einen Starfighter haben, konnte er im Bundes-Ebay bieten! Selbstverständlich wurden alle Bauteile von militärischem Interesse zuvor ausgeweidet. Zur Zierde des Schrebergartens darf das gute Stück nicht dienen, vielmehr muss es »zweckbestimmt« eingesetzt werden – was heute so viel wie »museal« bedeutet. Der eine oder andere kaufte sich ein paar Bestandteile vom Schrotthändler. Manche Piloten hatten ja, so die Einschätzung ihrer Ehefrauen, den Jet mindestens so lieb wie sie.

Der Starfighter fand Eingang in den Volksmund. So lautete das Heiratsversprechen eines überzeugten westfälischen Junggesellen: »Wenn der nächste Starfighter über Oelde abstürzt, dann heirate ich.« Also nie.

Wir Wirtschaftswunderkinder

Die Anstrengungen der Anfangsjahre sind vorbei: 1959 boomte im Westen das Wirtschaftswunder. Die Väter haben ihre 45-Stunden-Woche, die Mütter übernehmen den Löwenanteil der Erziehung und den Haushalt. Diese Aufgabenteilung war sogar im Bürgerlichen Gesetzbuch festgelegt. Ob sie sich das alle genau so vorgestellt hatten? Neue Wünsche und Sehnsüchte entstehen …

Autos – mit und ohne Sex-Appeal

Seit 1955 spricht man in der BRD vom »Wirtschaftswunder«. Schon als Kleinkinder dürfen wir krähen: »Ich war dabei!« Sichtbares Zeichen ist das eigene Auto. 1955 ging das millionste Exemplar des von Ferdinand Porsche entwickelten Käfers vom Band. Unserer ist beige und wird in den folgenden Jahren oft stolz fotografiert. Wir winken schon durch rechteckige, vergrößerte Heckfenster, nicht mehr durch die »Brezeln«! In unserem Geburtsjahr werden die Klappgriffe durch feststehende Türgriffe ersetzt. Bald heißt es auch: Blinker statt Winker! Die Autoindustrie boomt fast auf US-Niveau. Der Kfz-Bestand nimmt in diesen Jahren rasant zu: Stolz posiert der Vater vor dem nagelneuen Goggomobil oder Lloyd. Vorbei die Tage, als man mit dem Holzvergaser über Hitlers menschenleere Autobahnen geknattert war. Unser Vater macht seinen Führerschein noch am Modell – die Praxis kommt dann schon von selbst. Ob das der Grund dafür ist, dass er ein fahriger Fahrer bleibt?

Überall und zu jeder Jahreszeit: Der getreue Käfer darf auf keinem Erinnerungsfoto fehlen. Unser Familienalbum ist da durchaus repräsentativ für die Zeit. Das (erste) Automobil ist der Familie ganzer Stolz und wird gebührend verewigt.

Unsere Brüder und Schwestern in der DDR blicken verblüfft auf unsere neuesten Errungenschaften. Um mit dem Westen gleichzuziehen und den Flüchtlingsstrom aufzuhalten, beschließt das Politbüro trotz aller beschaffungstechnischen Widrigkeiten – ein Embargo für Tiefziehblech – zu handeln. Das sozialistische Auto soll ein preiswerter, robuster Begleiter, ein »Trabant«, sein. Wegen seiner dünnen Haut aus Kunststoff und seiner 18 PS wird er auch liebevoll »Rennpappe« oder »Duroplast-Bomber« genannt. In unserem Geburtsjahr baut die VEB Sachsenring den Trabant 500. Der »ostdeutsche VW« wird bald zum Gespött und sehnlichen Wunsch zugleich. Auf dieses Statussymbol wartet man Jahre!

Auch die Westautos tragen Spitznamen, allen voran der Goggo. Dann

Der Trabbi war noch wesentlich länger auf den Straßen zu sehen als der Käfer – bei mindestens ebenso hohem Kultfaktor.

gibt es natürlich noch die Isetta (»Knutschkugel«), die BMW nach dem Krieg endlich wieder guten Absatz beschert. Auf dem Turiner Autosalon hatten die Ingenieure die von Renzo Rivolta entwickelte ISO-Isetta erspäht: Es war *amore* auf den ersten Blick – einfach zum Knutschen!

Die wachsende Automobilität prägt das Bild unserer Jugend, weshalb eines unserer Lieblingsspiele auch »Verkehr« heißt: Mit Dreirad und Roller geht's auf die Straße.

»Asphaltblasen« wie Goggo und Isetta sind nichts für Bond – James Bond. Der fährt was ganz Tolles, das im August 1959 auf den Markt kommt. Wie übrigens auch Mr Bean sitzt unser Held am Steuer eines Austin Mini. Luxus und Sex-Appeal pur! Der Anlass für die Entwicklung von Sir Alec Issigonis war indes die Sparsamkeit gewesen: Die Suezkrise von 1956 stand Pate. Alle Idole fahren einen Mini: Twiggy, Peter Sellers, John und Ringo von den Beatles sowieso. Sogar Königin Elizabeth braust damit herum.

In einem VW-Käfer kann man sich den Agenten ihrer Majestät allerdings schwer vorstellen. Umso besser aber Heinz Erhardt, den stattlichen, sensibel-abgründigen Humoristen mit der Riesenbrille: »Wer wagt es, Knappersmann oder Ritt/Zu schlauchen in diesen Tund?« Erhardt saß in seinem Käfer in Zeiten von Vollbeschäftigung (Zwei Prozent Arbeitslosigkeit!), rasanter Produktion und wirtschaftlichem Erfolg äußerst bequem.

Bella Italia – Das gelobte Land hinter dem Brenner

Dalida ist im Sommer 1959 mit *Am Tag, als der Regen kam* monatelang Nr. 1 der Hitparade. Danach erobert uns Rocco Granata für geschlagene 13 Wochen mit *Marina:* »Mi sono innamorata di Marina/una ragazza mora ma carina«. Unvergesslich, dieser raue, lässige Eisdielenschmelz in der Stimme. Ein altersloser Welterfolg, der Rocco Granata sogar in die New Yorker Carnegie Hall führen wird. Mutter summt beim Kuchenbacken mit und träumt … wohl kaum von Pilgerfahrten nach Rom. Nein, von einem Land, von dem das sonnenhungrige Teutonenherz weiß, dass dort Zitronen blühen und man mit seinem Geliebten hinziehen will. Romane wie die von Ilka Chase schüren die Sehnsucht: *Zu jung, um ohne Wunsch zu sein* macht Lust, nicht bloß Fleischwolf und Waschküche hinter sich zu lassen … Ganz klar, wer für lange Zeit der Favorit der Woche bleibt: Italien, das uns all die Dante Scalsisis, Aldo Gazzolas und Claudio Emiris zum Gastarbeiten geschickt hat. Zum Leidwesen der Väter, denen *Zwei kleine Italiener* längst genügt hätten, und zum Entzücken vieler Mädchen. Unsere Schwester ist da keine Ausnahme, sie liebt Aldo aus der Baumaschinenfabrik, einen illegitimen Sohn des Conte Sesto aus Pescara. Vater tobt: »Verschwinde! Soforto, du Deppo!« Dass es sogar Goethe in diese südlichen Gefilde gezogen hat, ist ihm doch wurscht! Italien bleibt

Gelati, mare *und eine* signora *beim* dolce far niente *– das sollten lange Zeit wesentliche Aspekte des deutschen Italienbildes bleiben.*

für die meisten noch ein paar Jahre ein Traum. Erst knapp 30 Prozent der Bundesbürger fahren in Urlaub. Zuerst müssen Waschmaschine und Kühlschrank her! Für Freizeit gibt man im Monat um die 50 Mark aus. Wenn schon Ferien, dann in Ruhpolding, wo eine Woche 141 D-Mark kostet. Für eine Woche Rimini Mare in der *Pensione Grotti* bei »Spaghettis« und »Tschianti« zahlt man hingegen um die 360 D-Mark. Nix da! Doch die Sehnsucht nach dem Süden wächst, was nicht zuletzt in den zeitgenössischen Filmproduktionen deutlich wird. Dort sind die Italiener alle Gondolieri im Ringelhemd und die Mädchen blond. Man trällert sorglos – kein Wunder, wenn die *ragazze* so

Er läuft und läuft und läuft – aber auf dem Brennerpass braucht auch ein Käfer mal eine Pause.

aussehen wie Gina Lollobrigida und Sophia Loren. *Mamma mia!*

Sogar in zeitkritischen deutschen Filmen scheint ein Rest Sonnensehnsucht und Taschendieb-Klischee durch: Am Teutonengrill blühen die Vorurteile wie die Zitronen! Dass es ein wildes, wirtschaftlich armes und kulturell überaus reiches Land ist, sieht nur der Reisende. Den meisten aber reicht es schon, wenn sie die Fahrt über die alte Brennerstraße hinter sich gebracht haben. Wir in unseren Wickelkissen freuen uns daher über den ersten Spatenstich der Brennerautobahn. Denn wenn bei Capri die rote Sonne im Meer versinkt, wollen wir künftig dabei sein. Es wird gezeltet und in den Wellen geplanscht. Im Gepäck sind Gulaschsuppe und

Bohneneintopf in der Dose. Denn was diese *Abruzzenheinis* (so wurden die Gastarbeiter gerne wenig liebevoll genannt) aßen, war dem deutschen Magen damals nicht so lieb wie heute. Was in Mutters Rezeptbuch italienisch klang, war unserer Erfahrung nach meist nichts anderes als arglistig verschleierte Resteverwertung sparsamer deutscher Hausfrauen. Zum Beispiel das grässliche Risi-Bisi, worüber wir Kinder uns jahrelang beinah in die Hosen gemacht haben vor Lachen.

Gehen Sie nicht über Los!

Spiele zeigen, dass der Mensch mehr Freizeit hat. Das 20. Jahrhundert brachte Klassiker hervor, die heute genauso gern gespielt werden wie vor hundert Jahren. *Monopoly* zum Beispiel, dessen Ziel es ist, die Mitspieler in den Ruin zu treiben, wurde schon während der amerikanischen »Großen Depression« in den 1930ern gerne gespielt. Im nationalsozialistischen Deutschland war es übrigens verboten. Sehr beliebt sind bei uns *Scrabble* und *Halma*. *Mensch ärgere dich nicht* ist die vereinfachte Variante eines weltweit verbreiteten Gesellschaftsspiels. Einen anspruchsvolleren Verwandten hat es im schweizerischen *Eile mit Weile* – so gemächlich der Name auch klingt. In Deutschland war es schon vor dem Ersten Weltkrieg populär.

Einen »Malefiz« nennt man mundartlich bekanntermaßen einen gemeinen Übeltäter. Das Wort kommt aus dem Lateinischen: *maleficus* heißt »boshaft« oder »übel handelnd«. Das gleichnamige Spiel erfand der Essener Systemanalytiker Walter Schöppner 1959. Seither hat das dem indischen Pachisi ähnliche Spiel Generationen in tiefen Zwist getrieben. Schöppner selbst hätte es zwar lieber »Sperren-knacker« oder »Die roten Stopper« ge-nannt. Beim Probedurchlauf aber er-gab sich ein anderer Name. Die Spieler sind nämlich in boshaftester Weise darauf aus, dem Gegner einen Sperr-stein vors Ziel zu setzen. Die Frau des Verlegers Otto Maier soll die Barrikade vor ihrer Nase quittiert haben mit: »Du bist doch ein rechter Malefiz!« *A star was born.* Wer kennt sie nicht, die Schachtel mit dem finster blicken-den schnurrbärtigen Räuber, der leicht bekleideten Dame, daneben das Mäd-chen mit der adretten Schleife im Haare und der Opa mit Kneifer? Kaum zu glauben, dass die Gestaltung auf der Spielwarenmesse fast ein Skandal war, da sie in den Augen der Zeitge-nossen etwas Anrüchiges hatte. Brett-spiele wie dieses gelten in unserer Kindheit dennoch als pädagogisch wertvoll. Man sitzt still, konzentriert sich, lernt verlieren. Theoretisch. Die großen Geschwister sind stocksauer, wenn auch wir Malefiz-Zwerge mitma-chen wollen und die schönste Strate-gie zunichte machen. Dann setzt's was! Aus Rache stecken sich manche die Klötzchen in die Nase, was für keinen der Beteiligten angenehm ist. Einige Familien kommen zwar ganz

ohne Brettspiele aus: Die Großen wol-len abends ihre Ruhe, die ärgern sich schon ohne *Malefiz* genug. Aber in den meisten Haushalten gehört die *Große Spielesammlung* bis heute dazu. Doch das gemeinsame Spiel wird bald zunehmend durch das gemeinsame Fernsehen ersetzt. Obwohl dort auch viel gespielt wird: Man denke nur an *Der Goldene Schuss* mit Vico Torriani oder an *Einer wird gewinnen.*

Mit Spielen, deren Gewaltpotenzial gern negiert wird, wird heute, im Computerzeitalter, Geld gescheffelt. Dabei sitzt man nicht zu viert oder fünft um den Küchentisch und kartelt oder würfelt, sondern jeder hockt vor seinem PC. In den virtuellen Fabel-

Josef Friedrich Schmidt erfand Mensch ärgere dich nicht *um 1907 in München. Seit 1914 wird es serienmäßig hergestellt.*

oder Abenteuerwelten ist der Spieler stets der Held, ein Super-Elf oder sonst ein übermächtiges Fantasy-Wesen, kein armes, ohnmächtiges grünes Holzmännlein wie damals. Ums Verlieren-Lernen geht es dort sicher nicht …

Sprechblasengeschichten

»Schundhefte!«, wettern die Eltern und suchen Rat beim Psychologen. »Das Ami-Comic-Zeugs verdirbt unsere Kinder!« Voller Bewunderung seufzen dagegen die großen Brüder: »Sprechblasengeschichten!« … Und so bekommen wir schon früh wenigstens heimlich etwas von diesen – freilich verfemten – Erzeugnissen der Populärkultur zu sehen. Acht Jahre vor unserer Geburt übernahm Erika Fuchs die Chefredaktion der deutschen *Micky Maus*. Die wunderbare Übersetzerin von Carl Barks' Geschichten schenkt unserer Sprache den »Erikativ« (»stöhn«, »zitter«) und sorgt für Bildung in der Rede der Entenhausener: »Wir wollen sein ein einig Volk von Brüdern, in keiner Not uns waschen und Gefahr!« Wem das zu kindisch ist, der liest Hansrudi Wäschers gezeichnete Antwort auf den Sputnik: *Nick der Weltraumfahrer,* dessen unglaubliche Abenteuer mit dem Marsianer Xutl in fernster Zukunft spielen: im Jahr 2008! Sodann, vom gleichen Zeichner, mit virilem Kinn, gelbem Haar und rotem Wams: *Sigurd, der ritterliche Held.* Mit seinen Freunden

Bodo und Cassim tritt der ewig junge Mittfünfziger ein für Recht und Ehre. Ja, selbst Sprechblasenhelden haben Ehre! Und nicht nur das. Einen prähistorischen Vokuhila mit riesiger Nackentolle sowie ein atombetriebenes Motorrad namens Bumsi nennt der unvergessliche *Wastl*, ein Kraftlackelgeschöpf des belgischen Zeichners Willy Vandersteen, sein Eigen. Wastl (im Original Jerom) mausert sich von einer Nebenfigur aus *Suske und Wiske* zum eigenen Comic. Und noch heute heißt es von einer seltsamen Frisur: »Der hat so einen Wastl!« Hergés *Tim und Struppi* finden wir auch gut, klar! Wenn man all diese Geschichten bloß lesen dürfte! »Der Mist kommt mir nicht ins Haus!«, schimpft Mutter. Dann werden die Hefte eben anderswo konsumiert und mit den Nachbarskindern nachgespielt. Gelegentlich bleibt uns nur, neidisch hinterherzugucken.

Tim und Struppi (im französischsprachigen Originalgeben Tintin und Milou) wurden 1929 erfunden. 1954 gab es sie erstmals auf Deutsch.

Aber tief in Gallien machen sich unbeugsame Leutchen aus ihrem kleinen Dorf zu unserer Rettung auf: Ein ganz kleiner Schlauer, ein ziemlich Dicker sowie ein weißgewandeter, sichelbewehrter Druide. Die Herzen sind ihnen bereits sicher, doch sie werden auch die bislang uneinnehmbaren Schulbänke erobern. In der Erstausgabe der französischen Jugendzeitschrift *Pilote* erscheint die erste Folge von *Astérix le Gaulois* im Oktober 1959. Damals hätte sich noch kein Lateinschüler, der mit dieser Sprache verzweifelt kämpfte, träumen lassen, dass dieser Asterix einmal Schullektüre werden sollte. *Asterix Legionarius* – das ist die herrliche Folge mit dem Haarwuchsmittel-Zaubertrank. Brillanter Witz und zeichnerisches Können ergänzen sich kongenial: Autor René Goscinny und Zeichner Albert Uderzo reichern die Geschichten mit zeitgenössischen Anspielungen an; das Ergebnis ist zugleich Satire, Klamauk und ein Genuss für Kenner. Intelligente, gut gemachte und witzige Unterhaltung, die uns geflügelte Worte beschert hat: »Nimm gefälligst dein *pilum* aus meinem *sternum*«, sagt ein schwer vermöbelter römischer Legionär verdrießlich zum anderen. Er sieht buchstäblich Sternchen: Das griechische Wort *asteriskos* hat dem kleinen gallischen Helden seinen Namen gegeben.

Ein paar Jahre später erscheinen die Abenteuer auch in Deutschland, im Rolf Kauka Verlag. Doch was müssen wir sehen? Aus Asterix und Obelix,

Dr. Erika Fuchs (1906–2005) prägte mit ihren Übersetzungen der Donald-Geschichten von Carl Barks (1901–2000) unsere Sprache.

zwei stolzen Galliern, sind über Nacht die Germanen Siggi und Barbarras geworden. Sie leben in »Bonnhalla« und stehen ganz im Dienste der Kalter-Krieg-Propaganda. Darauf sagen sich Goscinny und Uderzo: »Die spinnen, die Deutschen!« und verbitten sich ein für alle Mal solche Scherze. Sie entziehen Kauka die Rechte und übertragen sie 1968 dem Ehapa-Verlag. Die Übersetzung von Gudrun Penndorf wird ein Volltreffer: *Asterix* ist – nach einigen Anlaufschwierigkeiten – bis heute der meistverkaufte Comic Deutschlands.

Twen ist cool! Und Bravo?

Am 26. August 1959 ist der Sommer so heiß wie nie: In der *Bravo* gibt es den ersten Starschnitt … Eine lebensgroße und sommerpralle Brigitte Bardot im schwarzen Badeanzug, mit blondem Wallehaar und Schmollmund. Und mit Netzstrümpfen! Bloß:

Drei Jahre vor unserer Geburt ging's los: Die allererste »Bravo« vom 26. August 1956 kam vergleichsweise sachlich daher.

Welcher Knabe darf eigentlich diese herrliche Papierpuppe in sein Zimmer hängen? Liebäugeln damit nicht eher die Väter? *Mon dieu!* Da ist der Sünde ja Tür und Tor geöffnet. Daher wird die papierene Brigitte stückweise auf dem Dachboden gehortet … Der Starschnitt ist ein echter Marketing-Glücksgriff. Zahllose Popikonen werden folgen. Die Redaktion ist so klug, auch auf die englischen Stars zu setzen. 1965/66 gibt es die Beatles – der gebeutelte Teenager muss lange ausharren, bis er alle 44 Teile zusammen hat. Doch spätestens damit wird diese erste Jugendzeitung, als »Magazin für Film und Fernsehen« gegründet von Peter Boenisch, selbst zum Hit. Konzipiert als Gegenpol zur rigiden Erzie-

hung der Kriegsgeneration, versucht das Blatt Lässigkeit, Glamour und Spaß zu verbreiten – mit Erfolg. Alles, was wir nie zu fragen wagen, sagen uns Dr. Sommer und sein Beraterteam – angeblich, nachdem irgendjemand dann doch wirklich gefragt hat. Egal, wir können die Informationen brauchen. Uns sagt ja keiner was. Politisch wird die *Bravo* nie. Heute ist sie quietschbunt und grell und lässt gar keine Fragen mehr offen. Sie muss sich durchsetzen gegen die Konkurrenz im Internet, wo man bloß anzuklicken braucht, dass man 18 ist. Wie züchtig Brischitt doch war …

1959 kommt eine weitere Zeitschrift auf den Markt. Bis 1971 gibt es monatlich die *Twen*. Für Leute in den Zwanzigern, die man nicht mehr damit glücklich machen kann, dass sie Pierre Brice samt Fransenhose ausschneiden dürfen. *Twen* ist ambitioniert, grafisch und thematisch anspruchsvoll – Willy Fleckhaus, einer der besten Grafikdesigner der Nachkriegszeit, ist Mitbegründer. Gedacht und gemacht für Twens in den Städten, zeigt sie den Lifestyle, der von der Landjugend ersehnt wird. Die hat ihre brave *Bravo*. *Twen* nimmt sich von Anfang an der heiklen Themen der Zeit an, bringt Tabus zur Sprache, darunter die immer noch durch den berüchtigten Paragrafen 175 verbotene Homosexualität sowie in der Ausgabe 11/1962 das Thema Abtreibung. Programmatisch hat sich die Publikation das Eintreten für eine tolerantere Sexualität auf die Fahnen geschrieben.

Meine Geschichte

Jede Biografie ist einzigartig. Trotzdem wird vieles, was die Autorin in ihrer Kindheit und Jugend erlebt hat, auch ihren Altersgenossen und -genossinnen bekannt vorkommen.

Damals hinterm Mond

Meine Geschwister und ich sind auf dem Land aufgewachsen. Ob das eng war? Ganz im Gegenteil – wir lebten die meiste Zeit in einem Paralleluniversum, abseits der Erwachsenen, auf einem riesigen Spielplatz: der Natur. Ohne es zu wissen, waren wir frei, trotzdem haben wir Momente der Geborgenheit erlebt. Sogar die große Welt hat gelegentlich unserem bescheidenen Wohnzimmer ihren Glanz geschenkt …

Die Tante aus Amerika

Der berühmte Onkel aus Amerika … Viele von uns hatten einen. Bei uns jedoch war es eine Tante. Und was für

Tante Regina war die ältere Schwester unseres Vaters, der in Amerika geboren wurde, später aber ins Land seiner Eltern zurückkehrte.

eine! Nicht, dass es keine Onkel gegeben hätte, aber vor ihr verblassten sie sämtlich. Schön war sie, Miss Miami Beach 1932, und viermal verheiratet – jedes Mal mit einem noch reicheren Mann. Sie war laut und hatte ihre bayerischen Wurzeln nie vergessen. So konnte man sie hören, wie sie lachend brüllte: »*Give me a* Waschhadern« – was so viel wie »Waschlappen« bedeutet. So pflegte sie übrigens ihren vierten Mann Geston zu titulieren, ein ihr ergebenes, außerordentlich geduldiges Geschöpf mit Hosenträgern. Diese Missis flanierte Arm in Arm mit Gandhis Sekretär, auch Louis Adlon – genau, *der* Louis Adlon vom gleichnamigen Berliner Nobelhotel – ritt mit ihr aus und nannte sie galant »The sweetest rose of Texas«. Hätte er da mal lieber den armen Geston gefragt: Sie war und blieb ein originelles, charmantes Scheusal, das rauchte wie ein Schlot, Chesterfield … Alle paar Jahre kam sie über den großen Teich, zuerst mit der *Berengaria*, später mit dem Flieger – wahrscheinlich nicht nur unsretwegen, sondern auch wegen Louis … Länger als 14 Tage blieb sie nie, und das war dann auch genug. Man brauchte einige Zeit, um sich von ihrer liebevollen Tyrannei zu erholen. Doch sie war großzügig und erwies der Familie ihres kleinen Bruders viel Gutes: Neben Hunderten von Maxwell-Gläsern, welche für eine Verrohung der Kaffeesitten durch Instantpulver verantwortlich zeichneten, flog sie eines Tages sogar eine Musiktruhe ein … Was hatten wir der Tante nicht alles zu verdanken! Buntstifte mit eingraviertem Vornamen – ein unerhörter Luxus! Einen View-Master – ein kleines Wundergerät, auf dessen mitgelieferten Pappscheiben mit Dias man Bambis Abenteuer oder sogar die Niagarafälle sehen konnte – in 3D! Jede bekam einen, damit es keinen Streit gab. Scharfen roten Zimtkaugummi und rot-weiß geringelte Zuckerstangen, die ganz anders schmeckten als die aus Frau Warzechas Laden. Porzellanpuppen mit langen Unterhosen. Stapelweise Kinderbücher, *Little Black Sambo* ist noch heute in unserem Besitz. Dicke Disney-Malbücher. Als wir noch sehr klein waren, schickte sie uns zwei Nachttöpfe in Donald-Duck-Form. Ein Jammer, dass diese irgendwie auf dem Speicher abhanden kamen … Hoffentlich hat ein Sammlerauge das Kuriosum erkannt und weiß spätestens jetzt, wer darauf gesessen hat.

In den Paketen kam auch Kleidung. *Well* … nicht alles fand im Dorf – und damit bei uns – Anklang. Aber die Anzüge mit den Seepferdchen drauf waren der Hit! Niemand sonst hatte so was – und das entschädigte uns sogar für die riesigen karierten Wintermäntel mit passenden Baskenmützen. Man muss sich diesen Anblick ja immer in doppelter Ausführung vorstellen … Und wenn die *Jingle Bells* läuteten, kamen mit schwungvoller Handschrift beschriebene Weihnachtskarten, da-

Das Deutsche Auswandererhaus in Bremerhaven ist den sieben Millionen Menschen gewidmet, die von dort in die USA fuhren.

Der amerikanische Traum

Die großen Auswandererwellen aus Deutschland nach Amerika beginnen Anfang des 18. Jahrhunderts. Die ersten verließen ihre Heimat meist noch aus wirtschaftlicher Not; nach der Revolution von 1848 suchten auch deren Akteure im Exil Schutz vor Repressalien. In der NS-Zeit rettet sich noch einmal eine halbe Million Menschen aus Deutschland in die USA, darunter Lion Feuchtwanger, Bertolt Brecht und Klaus und Erika Mann. Nach dem Krieg kommen besonders aus Bayern viele Frauen, die in Deutschland stationierte Angehörige der US-Army geheiratet haben. Bis heute zieht das »Land der unbegrenzten Möglichkeiten« Studenten, Wissenschaftler, Unternehmer und sonstige Glückssucher aus Deutschland an. Eine Volkszählung im Jahr 2000 ergab, dass inzwischen rund ein Viertel der US-Amerikaner deutsche Vorfahren hat. Die Chancen auf den Onkel aus Amerika stehen also besser denn je!

rauf Santa Claus im Schneegeglitzer
oder Rudolph, das rotnasige Rentier.
Darin lagen fünf oder manchmal gar
20 Dollar: Ein Vermögen! Damals war
der Dollar noch fünf D-Mark wert.
Doch der Reichtum hatte seinen Preis:
Als Gegenleistung mussten wir der
Tante, die selbst keine Kinder hatte,
Dankesbriefe schreiben.

Anfang der 1980er starb sie an Lun-
genkrebs. Vor einigen Jahren habe
ich ihr Grab in Houston besucht und
das stattliche Haus, in dem sie lebte.
Mein Cousin sagt, sie sei bis zuletzt
das originelle, charmante Scheusal geblieben, als das wir sie kannten.

Kriegsgräberkerzen

Nicht, dass man je darüber geredet
hätte. Außer zu besonderen Gelegen-
heiten, an Heiligabend zum Beispiel.
Oder wenn der Kamerad da war, der
so abgehackt sprach, weil er verschüt-

*Die Fotos im Album zeigten Stolz, Kamerad-
schaft, Selbstbewusstsein. Die Wirklichkeit des
Krieges war eine andere.*

tet gewesen war. Wir nahmen das so
hin: *verschüttet.* »Fragen« bedeutete
damals nur »um Erlaubnis bitten«.
Manchmal erweichten die Lichter aus
dem Kriegsgräberkerzen-Bestand die
versteinerten, zerrissenen Gemüter
unserer Väter. Mit dem Erlös dieser
Kerzen, die wir in der Schule kauften,
wurden die Gräber toter Soldaten ge-
pflegt. Dann kamen Geschichten zuta-
ge, denen wir interessiert, aber auch
mit wachsender Verlegenheit lauschten. Meist nämlich war es eine lustige
Begebenheit, und doch weinte der Vater, wenn sie erzählt wurde. Irgendwann schickte uns die Mutter hinaus.
Wir verstanden nicht, weshalb er im
Schlaf qualvoll aufstöhnte, was er da
nachts schrie, oder weshalb er keine
Pilze mehr sehen konnte. Nach und
nach erfuhren wir mehr, aber viel war
es immer noch nicht. Der Name Hitler
fiel kaum einmal. Man wollte das alles
vergessen, auf Biegen und Brechen.
Und so blieb uns nur, die aus einge-
schmolzenen Fünfzigpfennigstücken
gefertigten Zigarettenetuis aus der rus-
sischen Gefangenschaft zu bestaunen,
die in der Vitrine neben den getrock-
neten Seepferdchen lagen wie Nach-
richten aus einer anderen Welt. Diese
frühere Welt war für immer untergegangen, und mit ihr Zuversicht, Zukunft und Liebe. Viele unserer Väter
schämten sich, dass sie dem Hitler auf
den Leim gegangen waren, ihm blind
vertraut hatten. Sie sahen sich noch
am Bahnsteig stehen in den nagelneu-
en Stiefeln, die Liebste, die Kriegs-
braut, stolz am Arm. »Bis Weihnach-

Der Vater auf Heimaturlaub. Seinen Sohn sollte er erst viele Jahre später wieder sehen: 1944 geriet der Vater in russische Gefangenschaft.

ten sind wir daheim!«, versicherten sie ihr. Doch es dauerte, bis man wieder gemeinsam unter dem Christbaum sitzen konnte: Viele blieben vermisst. Die zurückkehrenden Kriegsgefangenen erhielten eine kleine finanzielle Entschädigung; darüber hinaus profitierten sie von der »Heimkehreramnestie«. Oder muss man sagen: Amnesie? Unter dem, was sie getan hatten, litten viele unserer Väter ihr Leben lang. Wir wussten sicher, dass sie im Krieg getötet hatten – und es schien uns normal. Für uns waren die guten Geschichten reserviert, die Berichte von Kameradschaft und gegenseitiger Hilfe – auch seitens der Russen. Über die Massaker an den Bobruisker Juden oder denen in Simferopol kein Wort. Von der dreimal ver-

suchten und missglückten Flucht des Vaters aus dem Lager Bobruisk wussten wir eben nur, dass er seither keine Pilze mehr mochte. Man schonte die Kleinen. Die Geschichte mit dem Eisenkäfig im Schnee hat uns später erst die Mutter erzählt. Die größeren Kin-

Entlastung

Um Deutschland in die Demokratie zu führen, leiteten die Alliierten 1945 Maßnahmen zur sogenannten Entnazifizierung ein. In den Besatzungszonen wurde unterschiedlich vorgegangen. In der amerikanischen Zone ging man bald zur politischen Überprüfung per Fragebogen über; anhand dieser wurde die Bevölkerung eingruppiert. Stufe V. waren die Entlasteten, Stufe IV. die Mitläufer, III. Minderbelastete, II. Belastete, I. Hauptschuldige. Die Strafen reichten von Geldzahlungen über Berufsverbot und Arbeitslager bis zur Todesstrafe. Betroffene versuchten zum Teil, durch einen Wechsel in eine andere Besatzungszone mildere Urteile zu erlangen. Durch sogenannte »Persilscheine« konnte man andere Personen für die eigene Schuldlosigkeit bürgen lassen.

Im Zuge der Entnazifizierung gab es unterschiedliche Arten von Amnestien – etwa eine Jugendamnestie, eine Weihnachtsamnestie und eine Heimkehreramnestie. Alle Amnestierten wurden Nichtbelasteten gleichgestellt. Für die Heimkehrer hieß das zum Beispiel, dass eventuelle NS-Vergehen durch die Kriegsgefangenschaft abgegolten waren. Mit dem »Entnazifizierungsschlussgesetz« vom 11. Mai 1951 waren die Bemühungen abgeschlossen.

der hatten es viel schwerer, vor allem die Söhne. Auf sie waren viele Heimkehrer-Väter eifersüchtig: *Die* waren behütet, von den Müttern verwöhnt worden, während vor ihren Augen die Kameraden verreckten und die Erinnerung an die während eines Heimaturlaubs gezeugten Kinder so flach und öd wurde wie ein Eisfeld. Das zwölfjährige Kind, das an der Hand der Mutter am Bahnsteig stand, schien nichts mit einem zu tun zu haben. Man hatte nur Augen für die Frau, die einen nach all den Jahren kaum mehr erkannte. Aus den Zügen des Roten Kreuzes waren ein paar Jahre, bevor wir geboren wurden, fremde Männer gestiegen. Das Leben wurde fortgeführt, irgendwie repariert. Wo wir vermeintlich sicheren Boden spürten, war der Grund in Wahrheit ungeheuer

brüchig. Als Schüler sammelten wir brav für die Kriegsgräber und trugen die roten oder weißen Kerzen nach Hause, mit denen Adventskranz und Weihnachtsbaum geschmückt wurden. Was »der Krieg« jedoch wirklich bedeutete, hat man uns nie erzählt.

Das große Draußen

Heute spielt sich das Leben eines Kindes in vier Metern Entfernung von den Erwachsenen ab. Wir hingegen sahen die Großen meist nur zur Nahrungsaufnahme. Den Rest des Tages lernten wir draußen. Heute wissen wir, was für eine Schule das war! Wir waren darin so frei, ohne dass wir jemals darüber nachgedacht hätten – das ist auch eine Form des Paradieses.

Die Sandalen ausziehen und zum Fröschefangen in den Bach steigen, um sich dann, wenn man nach stundenlanger Jagd eines der glitschigen Exemplare erwischt hatte, gegenseitig damit zu erschrecken – es sind diese Kleinigkeiten, die die Erinnerung an jene Zeit so reich machen.

Die armen Würmer heute, die blassen Stubenhocker vor ihren Spielkonsolen! Man muss ja fast zu fernen Galaxien Zuflucht nehmen, wenn man sich noch nicht einmal zehn Meter herrlichen Unbehütetseins erobern kann. Diese Kinder kennen keine Robinsoninseln an alten Wehren mehr, wo man nur über abenteuerliche, verschlammte Trampelpfade hingelangte. Allein selbstverständlich! Welche Hausfrau hätte sich da je durchgekämpft? Sie kennen keine staubig und süß duftenden sommerlichen Heuhaufen, in die man hineinsprang, sehr zum Missfallen der Bauern. Keine Milchkannen voller Maikäfer, kein Kastaniensammeln für die Rehe des geizigen Barons an eiskalten Herbstmorgen. Verstecken spielen, bis es dunkel ist und nur mehr die Glühwürmchen zu sehen sind. Oder die Dämmerung im Fliederbusch abwarten, bis die Eltern rufen. Wenn wir doch noch ein Stündchen länger draußen blieben, tat es auch nichts. Vielleicht dachten sich die Eltern ja das Richtige: dass wir gut aufgehoben waren da draußen. Wenn es dunkel war, gingen in Küche und Wohnzimmer die Lichter an. Es sah so heimelig aus, wie ein Zuhause aussehen muss. Und wir saßen auf der Schaukel und flogen höher und höher. Jeden Morgen staunten wir – wie heute noch: Über die Tauperlen an den Spinnweben auf dem Weg zur Bahn. Über das goldenmoorige Wasser des Baches, das bei Hochwasser knietief in den Kellern stand. Viele Kinder kennen keine wil-

Draußen gehörte die Welt uns, bis die Abenddämmerung kam – für viele Kinder von heute ist das unvorstellbar.

den Gärten mehr voll selbst gebauter, Jahr für Jahr wieder liebevoll ausgebesserter Verstecke, in denen einen die Großen gar nicht erst finden. Sie wissen nicht mehr, wie man auf Bäume klettert, und vor allem nicht, wie die Bäume heißen, auf die sie nicht klettern. Auch später, nachdem das Freibad fad geworden war, wählten wir wieder die Wildnis, zu der Erwachsene keinen Zutritt hatten: Wir zelteten an Flüssen und Baggerseen. Manche von uns verbrachten dort ihre Sommer, anstatt zur Schule zu gehen. Dass Draußensein gefährlich sein kann, lernten wir auch. Doch wir haben uns immer wieder ein Fleckchen gesucht, ob mit sieben auf der Insel, mit 17 Jahren, Gitarren, Armee-Schlafsäcken und Esbit-Kochern am Steinebacher Weiher, oder heute, mit 50. Das Geheimnis des Draußen hat sich nicht erschöpft. Es ist größer geworden.

Eine blitzblanke Küche – und dazu die tüchtige Hausfrau … Inbegriff westdeutscher Nachkriegsnormalität.

Ein schöner Sonntag

Brote mit Johannisbeergelee. Gekaufte Marmelade hätte unsere Mutter nie geduldet, das wäre gegen die Hausfrauenehre gegangen. Das Frühstück durften wir gemütlich im Nachthemd verzehren und dabei lesen. Jim Knopf, die Mumins, Pippi Langstrumpf – wir wurden auch in dieser Hinsicht gut versorgt. Das gab den einen oder anderen Caro-Kaffee-Fleck auf Frau Mahlzahns Schulklasse. Manchmal stahlen wir uns in den geblümten langen Nylon-Nachthemden in den Garten, um zu schauen, was es dort Neues gab: Pfingstrosen oder Schwertlilien? Um halb zehn holten wir Lisbeth ab – welche sich verwandt fühlte mit der englischen Königin, die auf ihrem Staatsbesuch sogar an unserem Bahnhof haltgemacht hatte. Natürlich nur wegen Lisbeth. Bei dröhnendem Glockengeläut strömten wir Kinder zur Kirche hinauf, die nach Weihrauch und altem Holz roch, zu Erntedank nach Äpfeln. Im Winter steht dort bis heute eine kleine Holzkirche, aus der ein Christkind unter Glockengebimmel auf einer Schiene herausrattert, wenn man Geld für die »Heidenkinder in der Diaspora« einwirft. Die ruckartigen Bewegungen von Christkind und Engel kann noch heute jeder von uns nachahmen. Wir ärgerten den Mesner mit Vornamen Hieronymus, der den Rotzlöffeln oben im sonnendurchfluteten Chor mit der Sammelbüchse ganz unchristlich eins über den Schädel gab. Danach gab es Schweinebraten mit Knödeln, an deren Herstellung sich die Qualität einer bayerischen Hausfrau zu erweisen hatte: »Riberle, reiberle, sie ist a bravs Weiberle.« Für den unverwechselbaren Geschmack sorgte das Wela-Kartoffelmehl. Bald kam die Kinderstunde im Radio; das Ohr an der Lautsprechermembran, lauschten wir dem Knistern. Der grüne wandernde Streifen blieb ein Wunder. Oft hörten wir alle zusammen Platten: das Golden Gate Quartet, Esther und Abi Ofarim und Harry Belafonte. Erst als wir älter wurden, juckte es uns in den Füßen. Wir wollten fort. Ins Kino, das auch mit durchaus freizügigen Filmen wie Oswalt Kolles *Helga* oder später mit Dirndl- und Lederhosensex aufwartete, was wir Schulmädchen fürs Leben gern gesehen hätten. Sogar die Verfilmung von Henry Millers *Stille Tage in Clichy* hat sich in dieses Kaff verirrt. Wer hatte den bestellt? Daneben ritt Uschi Glas als Halbblut Apanatschi durchs staubige Jugoslawien. Keiner konnte edler hinscheiden als Pierre Brice … Allerdings haben wir nie begriffen, weshalb der böse Santer *auf* den Schienen vor der Dampflok davonlief! Das Kino war unsere Zerstreuung, zumal unser Fernseher, Erbstück einer Tante, in einem unheilbaren Siechtum lag. Das winzige Bild wurde von Tag zu Tag dunkler, bis am Ende nur mehr der Gries grieselte. Die Antenne bestand aus den aufgebogenen Zinken einer Gabel. Aber die Mondlandung haben wir auf dem Gerät gesehen, was nicht ganz leicht war, weil Armstrong so lang nicht aus der Kapsel kam und es nur Mondgries zu sehen gab. Irgendwann waren wir es leid, in die Röhre zu gucken, und gingen zum Fernsehen zu Freunden. Wir dachten nämlich, in jeder Kiste käme ein anderes Programm.

Später war der Sonntagnachmittag vor allem dazu da, um vor dem Kino die Jungs aus der Flüchtlingssiedlung zu treffen. Achtung, der VW des Vaters naht! Und wenn er weg war, wieder Händchen halten … Das taten wir dann auch später, am ersten autofreien Sonntag der Ölkrise. Da pilgerten wir mit auf der leeren Straße, die Pärchen Hand in Hand. Und jetzt feiern die alle auch ihren Fünfzigsten. Glaubt das einer?

Paradies mit Dauerkarte

Der Sommer bot allerhand: Gino Guardinos Eisdiele war wunderbar, mochte er selbst auch ein grämlicher Hypochonder sein und seine Frau Rita ein Drachen. Das Eis schmeckte herrlich und kostete damals noch zehn Pfennig pro Kugel. Unsere älteren Geschwister trieben sich dort gern herum, sehr zum Leidwesen strenger Väter und besorgter Mütter: »Fang ja nichts mit dem Abruzzenheini an!« Wir Kleinen aber wussten noch nichts vom Flirt an der Musikbox, von *amore* und Liebeskummer, der sich nicht lohnt, *my darling*. Wir ersehnten den Wonnemonat aus anderen Gründen: Am 15. Mai wussten wir, wo wir die Zeit bis zum Herbst verbringen würden. Alles strömte ins Freibad, ohne Aufsicht! Fein! Das heißt: alle diejenigen, die es sich leisten konnten – vor

Coole Sonnenbrillen, schöne Mädchen, Liebeskummer – auch in den 60ern war ein Freibad nicht anders als heute.

Ob mein Mädchen hinschaut, wenn ich einen Hecht mache? So ein Sommertag verging im Flug. Beim Sprung aus der luftigen Höhe des Fünfmeterbretts konnte man diese Redensart getrost wörtlich nehmen …

allem die grüne Dauerkarte. Mancher Bademeister nahm es bei einer bettelarmen Kinderschar nicht so genau. Das Nacktbaden haben bei uns im Dorf die eingeführt, die keine Badehosen besaßen.

Im Freibad gab es zunächst unbeschwertes Glück: Lisbeth hatte schon blaue Lippen und wollte immer noch nicht aus dem Wasser und Butterbrote essen. Oder bunten Puffreis. Bärendreck (später lernten wir, dass das auf Hochdeutsch »Lakritze« heißt). Dauerlutscher mit Märchenfiguren. Kaugummis mit Starbildchen der Beatles. Man schärfte uns auch ein, nicht mit vollem Magen zu schwimmen. Die Tage waren so reich und gewittermelancholisch wie Françoise Hardys Schlager, und sie vergingen so rasch wie Himbeer-Frigeo auf der Zunge. Im Schatten der Bäume, von denen die

Pappelwolle in dicken Flocken schneite, überlegten wir beim Kästchenspiel schon, wen wir heiraten wollten: Edwin oder Manfred? Damit begann unbemerkt die Vertreibung aus dem Paradies. Vorerst schien noch alles sicher: der Kiosk mit der Eistruhe und dem Ventilator, die Rutschbahn mit Kupferauflage, die »sakrisch« heiß werden konnte, »Eck-Fangus« – das Fangspiel, das einem den gebrochenen Zeh einbrachte. Der Kicker, die muffeligen Decken und die Wasserwacht: lässige, sonnenverbrannte Helden in knappen Badehosen, die goldenen Sternzeichen-Amulette glänzten in der Sonne. Das Wasser war reichlich gechlort: Das waren noch die Zeiten, als es hieß, man bekäme dort Läuse von der Anni. Auch Wasserwacht-Chesters Furunkel heilte so manchen Sommer nicht zu. Das Chlor brannte in den Augen und roch beim Trocknen, versetzt mit einem Hauch Tiroler Nussöl, nach nichts anderem als ewigem Sommer. Vor allem auf der Schulter der schönen Lilo, einem stillen Mädchen mit Hochfrisur und grauen Katzenaugen. Sie war die Verlobte unseres Bruders. Lilo verließ ihn in einem dieser Sommer für seinen besten Freund. Er stand mit seinen kleinen Schwestern auf dem Arm im Wasser, und wir sahen ihn zum ersten und einzigen Mal weinen. Der Verlobungsring lag auf dem Telefonkästchen. Niemand sprach mehr von Lilo, die die winzigen rosa Kleider für unsere Meckis gestrickt hatte.

Spätestens da ahnten wir, dass mehr zu einem Sommer gehört als die richtige Wasser- und Lufttemperatur, die der Bademeister Hoplitschek gewissenhaft auf die Tafel mit dem Werbeaufdruck der örtlichen Brauerei krakelte. Unter Chesters gütigen Augen machten wir den Freischwimmer, den Fahrten- und schließlich den Leistungsschwimmer. Die Abzeichen prangten auf den ersten Badeanzügen mit Körbchen. Manchmal konnte selbst die Wasserwacht nicht mehr helfen, so sehr sie sich auch mühte: Badeunfälle waren häufig. In einer Hinsicht versuchte man allerdings vollkommen vergebens, uns vor Schaden und Kummer zu bewahren – wie stand es schon mit Kuli an der Wand der Umkleidekabine geschrieben? *Der Junge ist der Feuerstein, das Mädchen ist der Zunder/ fällt nur ein kleines Fünkchen drauf, dann brennt der ganze Plunder.*

Mutanten im Puppenhaus

Bei uns fanden sie kein Puppenheim. Weder Barbie noch ihre flachbrüstige kleine Schwester Skipper. Von Ken ganz zu schweigen. Unsere Mutter nannte sie samt und sonders »hässliche Geschöpfe«. Sicher war ihr das von einer Freundin überlassene Barbie-Stiefkind ein Dorn im Auge: angetan mit blauen Netzstrümpfen, ansonsten splitternackt, wie Mattel sie schuf. Bei den meisten anderen aber war sie der Hit.

Wir haben übrigens sogar ein paar Gemeinsamkeiten – auch Barbie erblickte das Licht der Welt 1959, und eigentlich ist sie Europäerin. Das war es dann aber auch schon. Zum Glück! Wäre Barbie ein Mensch, hätte sie nicht nur ungewöhnliche Maße, sondern darüber hinaus eine Körpergröße zwischen 1,90 m und 2,20 m.

Entwickelt wurde Barbie von Ruth Handler, der Mitinhaberin des Spielwarenherstellers Mattel. Auf einer Europareise entdeckte Handler das Bildzeitungs-Maskottchen »Lilli«, die Hauptdarstellerin leicht anzüglicher Cartoons, die es auch als Werbepuppe gab. Von ihrem Design ließ die Unternehmerin sich inspirieren.

Ruth Handler zog sich nach einer Krebserkrankung Mitte der 1970er-Jahre aus dem Unternehmen zurück. Nach ihrer Genesung gründete sie eine Firma, die auf die Herstellung von Brustprothesen spezialisiert war. Im Rückblick sagte sie einmal, ihr ganzes Leben habe sich nur um Brüste gedreht. Sie starb 2002 im Alter von 85 Jahren.

When I Was Young

Natürlich sind wir nicht für immer in den selbst gebauten Hütten unserer Kindheit hocken geblieben. Unsere Interessen veränderten sich, unser Bewegungsradius vergrößerte sich, und wir warfen uns willig den Wirren der Pubertät in die Arme. Musik wurde wichtig, dann natürlich die Jungs – Schule dagegen blieb zweitrangig. Überhaupt schien die Welt da draußen recht vielversprechend, vieles weckte unsere Neugier, und so manche Entwicklung der 60er- und 70er-Jahre hat bis in unsere ländliche Gegend ausgestrahlt.

Partys, Küsse, Katholische Jugend

Was für unsere Eltern noch der Tanz in den Mai oder der Feuerwehrball war, wurde für uns Teenager der sogenannte Cola-Ball. Der fand zweimal im Jahr im Saal des Papst-Pius-Heims statt und dauerte von 14 bis 20 Uhr – von »I wanna go home« konnte auch dann nicht die Rede sein. Der erste Termin war im Februar, einer Jahreszeit, in der die Attraktionen für die Jugend rar gesät waren. Sieht man von der Pfarrbücherei ab oder jenen seligen zwei Wintern, als man den Sportplatz mit Wasser abspritzte und bunte Glühbirnen und zwei Lautsprecher aufhängte. An die Kasse setzte man den Jugendmeister im Halbschwergewicht, und fertig war der Eislaufplatz! Dort fuhr man als Kette Hand in Hand zu scheppernden Schlagern. Auf dem Ball dagegen wurde unsere Musik gespielt. Organisiert hat ihn die Katholische Jugend im Einvernehmen mit einem, wie wir sagten, *progressiven*

Was wären wir wohl ohne Radio und Plattenspieler geworden? »My life was saved by rock'n'roll« (Lou Reed) wäre vielleicht etwas hoch gegriffen, aber auf jeden Fall eröffnete uns diese Musik eine Welt und einen Blick auf die Welt, die unsere Eltern nicht kannten.

Robert Baden-Powell, ein britischer General, hat 1907 das erste Pfadfinderlager veranstaltet. Die Grundsätze der Bewegung legte er in seinem Buch *Scouting for Boys* nieder. Im Vordergrund stehen das Eintreten für die Werte der Gemeinschaft, das Prinzip »Learning by doing« und das Übernehmen von Verantwortung. Die Bewegung wuchs rasant: 1909 gab es die ersten Mädchengruppen; heute sind weltweit etwa 38 Millionen Kinder und Jugendliche als Pfadfinder aktiv. Ihr Wahlspruch lautet: *Be prepared* – allzeit bereit.

Pfarrer. Dort hörten wir unsere Hits, welche die Eltern so gar nicht schätzten, und tanzten mit den Fahrschülern und den Jungs aus der Siedlung. Antialkoholisch-schüchtern ging es zu – was den Adrenalin- und Hormonschüben aber keinen Abbruch tat. Die schicksten Jungs ließen sich gerade die Haare wachsen und trugen karierte Stoffhosen, bevor dann alles in Aubergine herumlief. Auf dieser Party hieß es warten, ob jemand mit einem zu *Lola* von den Kinks tanzen wollte – oder, noch besser, zu Elvis' schluchzendem *In the Ghetto*. Wenn von den Jungs keiner wollte, schwenkten sich eben die Mädchen gegenseitig herum. Den einen oder anderen Verehrer gab es bereits. Damals war der Steh-Blues hoch im Kurs. Das hieß: so eng wie möglich. Auf diese Weise konnte man ein bisschen rumschmusen – selbst unter Papst Pius' Augen. Es waren die kleinen Gesten, das Streifen der Schläfe mit den Lippen, eine scheue Hand am Rücken, die aufregender waren als später jeder ausführliche Zungenkuss bis zur Straßenbahn-Endhaltestelle.

Eifersüchteleien gab es natürlich auch. Warum hatte diese Evi eigentlich immer die Nase vorn? Und so schniefte man in seine Limonade, wie überhaupt merkwürdigerweise viel und stundenlang geweint wurde – vorzugsweise zu Uriah Heeps *Come Away, Melinda* – sogar die Jungs erwischte es! Um mit den »Siedlungern« samstags offiziell zusammensein zu dürfen, gründeten wir eine Pfadfindergruppe. Nicht, dass wir einen blassen Schimmer von den Ideen Baden-Powells gehabt hätten, außer dass wir die Losung »Allzeit bereit!« schon einmal gehört hatten. Unsere erste gute Tat bestand darin, eine Party im Kaminzimmer des Pfarrheims zu planen und dazu die Buben anzuhalten, Rosen aus Tempotaschentüchern und Draht anzufertigen. Eine Kunst, die sie sichtlich überforderte. Dafür wurden sie beim Flaschendrehen ein Stück weit entschädigt. Wir hatten mittels eines Räuspercodes vorher genau festgelegt, wer wen wann küssen durfte. Unter einer Decke, damit es keine unliebsamen Überraschungen gab in jener zugigen, stets nach kalter Asche stinkenden Stube. Der Ort sollte zwei Jahre später den Gemeinderat in höchste moralische Bedenken stürzen … Orgienalarm auf dem Lande!

Bluejeans, Knautschlack & Co.

Eine Bluejeans? Kommt gar nicht in Frage! Unser Vater, obschon selbst in Amerika aufgewachsen, war mit diesem Urteil nicht allein. So kleiden sich bloß Gammler, Revoluzzer und die Roten – für Väter war das alles dasselbe. Wir sollten gefälligst Röcke tragen, Halbschuhe und Kniestrümpfe, sonntags Opal-Feinstrumpfhosen, die luxuriös glänzend und braun wie nur ein Faschings-Indianerteint in ihren durchsichtigen Hüllen knisterten. Also

Ob Ost, ob West: Das Chasublé war die modische Obsession jener Jahre, sei es in der Modemetropole Paris …

musste man hinterlistig-strategisch vorgehen. Als brave Kinder gingen wir aus dem Haus. Im letzten Zugabteil aber kam der Kajalstift zum Einsatz. Wilde Schals oder die auberginefarbene knielange Weste, ein Chasublé – in unserer Diktion hieß es *Schassübel* – peppten die öde Kluft auf. Wir raubten aus den Schränken unserer Brüder psychedelisch Gemustertes. Auf dem Speicher fand sich eine der allerersten Jeansjacken, schon damals eine Rarität, deren Verlust heute noch schmerzt. Irgendwann jedoch schlug sie, die Stunde der Wrangler! Wir sparten, verhandelten zäh mit der Mutter, pilgerten endlich ehrfürchtig in den *Western Store* in der Stadt. Eine echte Jeans! Von wegen *stonewashed*, die Nähte musste man schon selber abwetzen. Zuerst aber hockte man damit in der Badewanne, auf dass sie passgenau einlief. Da die Jeans meist zu lang waren, wurden sie umgeschlagen – dort hinein fiel regelmäßig Glut und brannte ein Loch, welches die Mutter dann hübsch umsäumte. Sie wusste nicht, dass wir rauchten, und sie merkte es auch bei dieser Gelegenheit nicht. Vater nahm die aufsässigen Jeans inzwischen murrend hin. Lange Mäntel kamen hinzu, innen mit einem nach Schaf stinkenden, zotteligen Teppich ausgeschlagen. Eines Tages brachte uns die gute Mutter blaue Mao-Jacken mit! Im Sommer trugen wir indische Blusen, wie man sie heute wieder sieht: weit und bunt bestickt. Oder gleich die langen Kleider mit den runden Spiegelscherben. Was

… oder wie hier in der DDR. Unsere Klamotten befanden sich also voll auf der Höhe des internationalen Zeitgeists.

Come Together oder Die Teestube

Katholische Jugend und Handballverein, schlimmstenfalls die Trachtler – das riecht nicht gerade nach Weltrevolution. Weit gefehlt! Eines schönen Maientags erschütterte ein Beben den Gemeinderat: Aus der scheinbar unverdächtigen Keimzelle der Katholischen Jugend entstand eine »Diskussionsrunde«. Diskutieren klang höchst verdächtig: schon allein das Wort untergrub die väterliche Autorität. Aha! Langhaarige und Revoluzzer, dachten die Honoratioren grimmig. Obendrein stellte ihnen der Pfarrer sogar einen Raum zur Verfügung – eben jenes Kaminzimmer, welches einst Zeuge des Flaschendrehens gewesen war. Hier fanden sich für einige Jahre junge Leute zusammen, wie sie verschiedener nicht hätten sein können. Und doch gab es so viele Gemeinsamkeiten. Dass wir auch dabei waren, lag daran, dass der gestrenge Vater ein herrliches halbes Jahr lang in einem Sanatorium weilte. Ob Lehrling beim »Schwarzen Joe« (der örtlichen Eisenwarenhandlung), ob Schüler oder Bauernsohn: Die »Teestube«, wie jenes fragile Gebilde genannt wurde, gab uns Halt und wurde uns zum einzigartigen Ort der Freundschaft und der Inspiration. Einige von uns waren gute Musiker – damals machten viel mehr Leute Musik als heute. Sogar wir waren als leidlich begabte Folksängerinnen mit von der Partie! Man betätigte sich künstlerisch und bemalte die selbst gebauten Teetische mit Tusche und

allerdings der Gipfel der »genehmen« Mode war: der rote Knautschlackmantel unserer Freundin Ulrike, den wir zu viert abwechselnd trugen. Er war unglaublich: der Stoff, aus dem die Träume sind (der gleichnamige Film kam gerade in den Kinos). Wir schrieben sogar Modegeschichte: Wir unbotmäßigen Zwillinge dürfen für unsere Stadt den Anspruch erheben, in der Schule als erste T-Shirts getragen zu haben. Wofür uns die Direktorin mit dem seltsam geschraubten Wortschatz, die uns aus mancherlei Gründen nicht mochte, mit dem Aufschrei hinauswarf: »Das unterscheidet sich von Unterhemden nur *angenahm!*« Wenn sie erst gewusst hätte, dass wir in durchsichtigen Blusen auf Eckis Party gingen! Mutter hingegen hatte nichts dagegen gehabt, was uns im Nachhinein heute noch wundert.

Keineswegs wurden wir nach der Einrichtung unserer Teestube zu Stubenhockern! Wanderungen, oft mit der ganzen Clique, gehörten dazu. Unabdingbarer Bestandteil jeder Wanderung wiederum war die treffend benannte Wandergitarre.

Feder. Matratzenpolster wurden gemeinsam (und mühsam) mit grünem Cord überzogen. Die bloße Existenz der Matratzen war es, was Gemeinderat und Tennisclub so aufgebracht hatte: Da waren den Orgien ja Tür und Tor geöffnet! Na, die mussten es ja wissen … Heute können wir es ja zugeben: Es hat niemals eine Orgie gegeben, noch nicht einmal Flaschendrehen. Eine wunderbare Phase lang gab es nämlich gar keine Pärchen, sondern nur gute Freunde auf dem Weg dorthin. Jeden Abend waren wir zusammen, manchmal alle 20 in unserem Elternhaus, von der Mutter bekocht. Es wehte ein unerhörter Geist der Freiheit in diesem Sommer.

Mamma mia – Mutter wacht auf

Unsere Mütter waren gute Hausfrauen und geduldige Gattinnen, sie hielten alles picobello sauber. Der Verwüstung des Krieges begegneten sie mit der Unverwüstlichkeit des Materials: Die Wachstuchdecke verbarg, was es zu verbergen galt, Dor und Ata scheuerten alles glatt. Ein reines Gewissen dank Lenor. Ihre Uniform war die Kittelschürze. Von morgens bis abends auf den Beinen, schwitzten sie in dampfenden Waschküchen und ließen Schweinefett aus. Dass sie ein eigenes Leben haben könnten, kam uns nicht in den Sinn. Unsere Mutter machte sich in diesem Umfeld schon

»Hausfrauenlektüre«? Nicht für unsere Mutter, die es nicht mit dem Häuslichen Ratgeber, *sondern mit den Dichtern hielt!*

verdächtig, weil sie las. »Was für ein Schmarrn!«, hieß es. »Du mit deinem Schiller, deinem *Bodlääär!*« Doch es kam noch schlimmer: In einem Alter, in dem andere endgültig versauerten und einrosteten – also so mit … *ahem* … um die 50 –, beendete sie ein langes Aschenputteldasein. Wie es dazu kam? Als sie eines Abends traurig auf einer Parkbank saß, hörte sie plötzlich eine fremde Stimme: *»Can I help you?«* Sie öffnete die Augen und sah einen Jungen vor sich. Er hatte braunes, störrisches Haar und trug eine Gitarre umgehängt. Es war der Engländer Bob, den es in unser Kaff verschlagen hatte. Sie schüttelte den Kopf. »Dann spiel ich dir was vor.« Seltsam getröstet ging sie nach Hause. Als wir ihr wenig später Bob vorstellten, lächelten beide … Sie wurde nicht nur ihm eine zweite Mutter. Sie hörte den jungen Leuten zu, wusste um ihre oft schweren Sorgen, nahm Anteil und sah das Besondere in ihnen. Sie lachte mit ihnen, half, wo sie konnte, und wenn es heiße Nudelsuppe gegen Liebeskummer war. Falschheit und Dummheit konnte sie nicht leiden. Wie einer aussah, war ihr jedoch völlig egal. Ob Haare bis zum Hintern oder Stirnband – das lenkte ihren Blick nicht vom Wesentlichen ab. Sie wurde geliebt von ihnen – und darum von vielen anderen Eltern beneidet. Ihr Mann fand es unmöglich, als er aus dem Schwarzwald wiederkam und die Bude bis oben voller junger Leute war. Am liebsten hätte er uns alle miteinander hinausgeworfen – aber wer hätte ihn

dann versorgt? Er war schlicht und einfach eifersüchtig auf etwas, das er nicht verstand.

Mutters schönstes Erlebnis war unser allererster Urlaub auf der Kykladeninsel Paros im Jahr 1974. Dem Vater war es ganz recht, zu Hause zu bleiben, die Gefriertruhe war voll … Jeder griechische Friseur wollte unsere muntere, hübsche Mutter heiraten, trotz ihrer stattlichen Kinderschar – wir fuhren nämlich zu zehnt. Wie stark die Liebe dieser Teestübler war, zeigt, dass ihr die Freunde von damals geblieben sind. Zu ihrem 90. Geburtstag fanden sie sich alle ein, wie damals mit Mundharmonika und Kapodaster. Wir haben das Seniorenheim zum Kochen gebracht! So manches rüstige, vergnügungssüchtige Weiblein steckte seinen Kopf herein und fand eine alte Dame vor, die zittrig *Blowin' In The Wind* sang, inmitten einer Schar junger Leute. Oder hat da vielleicht jemand etwas gegen diese Bezeichnung einzuwenden?

Schule und andere Katastrophen

In der Volksschule war es noch ganz passabel. Doch dann sollte es das Gymnasium sein. Aus uns sollte »etwas werden«. Dafür verzichteten die Eltern auf so manches. Sie dachten, es ginge schon, wenn man nur richtig will … Die Schule – was war das für ein Drama! Vernünftig wurden wir erst später. Wenn man lernen darf, ist man meist noch zu dumm dazu. Man hat alles mögliche Unmögliche im Kopf. Die LP von Iron Butterfly kaufen, *In-A-Gadda-Da-Vida*. Sich überlegen, wie man unerkannt zum Turnerfaschingsball geht. (Man ging als Wasserleiche und saß neben dem Vater an der Bar, der einen nicht er-

Hätte es zu unserer Schulzeit schon Asterix auf Lateinisch gegeben, hätten es unsere Lehrer sicher leichter gehabt mit uns.

kannte.) Was man tun kann, damit einen der Ferdi toll findet oder der Werner – Namen, die es heute gar nicht mehr gibt. Was war dagegen in der Schulstube schon geboten? An der Analysis schienen nur Kurven und Höhepunkte interessant, *amare* konnte man zuverlässig durchdeklinieren. *Veni, vidi, vici!* Oder? Die Biologie behalf sich damals noch mit den Bienen und Blumen, mag es auch tapfere Ansätze einer robusten Lehrerin gegeben haben, uns auch über das – wie es damals verschämt hieß – »Untenherum« zu informieren. Turnunterricht wurde wegen diverser Frauenleiden gerne geschwänzt. Die Musiklehrer aber waren die Ärmsten der Armen: Wir waren grausam und roh zu diesen sensiblen Wesen. Wir bitten vielmals um Entschuldigung!

Die Eltern lagen einem ständig in den Ohren. Aus irgendeinem Grund glaubten sie, die anderen seien wahre Musterkinder. Von wegen! Es hagelte Verweise wegen Unordentlichkeit – ein Hüttenschuh aus dem Handarbeitsunterricht war auf mysteriöse Weise verschwunden. Still moderte er an einem Streckenposten in der Kissinger Heide vor sich hin. Vor Wut hatte man das filzige Ungetüm samt den Nadeln aus dem Zugfenster geworfen. Blaue Briefe kamen, die Versetzung war gefährdet. Die Sommerferien verbrachten wir mit Hausarrest, während Lisbeth zum Zelten durfte. Es war zum Auswachsen! Obwohl wir uns solche Mühe gaben und endlos in die Bücher starrten. Ehrlich! Die Quit-

So war uns die Schule eigentlich am liebsten: Wenn die Stühle für die großen Ferien hochgestellt waren und das Klassenzimmer sechs Wochen lang in Ruhe verstaubte, während wir dem wahren Leben frönten.

tung für unser Desinteresse ließ nicht auf sich warten. Lehrer waren damals viel unverblümter als heute, wo die schlichte Wahrheit gleich als »narzisstische Kränkung« des ungehorsamen Zöglings gilt und der Elternbeirat einen Psychogipfel einberuft.

»Sie sind eine Wildsau im Rosengarten der Mathematik«, befand ein resignierter Mathelehrer. Und recht hatte er! Auch unser ansonsten sehr »progressiver« junger Lateinlehrer schrie uns an, entnervt, weil wir schon wieder ein *Gerundivium* entdeckt zu haben glaubten, eine sehr gewagte Kombination aus *Gerundiv* und *Gerundium*. »Schafsköpf seid's, depperte Schafsköpf!« Auch das hatten wir verdient und nahmen es hin.

Die Handarbeitslehrerin entwich bei unserem Anblick mit einem entschiedenen: »Ich weigere mich strikte!« So waren sie halt. Und so waren wir halt. Aber aus uns ist doch noch was geworden. Irgendwann fanden wir Spaß am Lernen – und plötzlich ging alles hinein in unsere Schädel. Vor allem verstanden wir, dass wir mit drei Meinungen, naiver Ahnungslosigkeit oder wortgewaltiger Ignoranz nicht weiterkommen … Heute stehen wir selbst vor den Klassen und tun das, was uns bestimmt nicht in die Wiege gelegt wurde: Wir führen ein fröhliches, aber eisernes Regiment. Und lesen auch mal *Asterix* mit den Schülern. Schließlich soll bis zum Abi alles sitzen, nicht wahr?

Lichter der Großstadt

Schließlich wurden wir flügge. Es galt, das Nachtleben zu erobern und erste Gefahren zu umschiffen. Daneben entwickelten wir unsere ganz eigenen Vorstellungen darüber, wie unser Leben einmal aussehen sollte. Und darüber, was Erwachsensein heißt …

Nur Samstagnacht

Saturday Night Fever – den Film haben wir in Freising gesehen, einer Stadt, die Karl Valentin zu dem Bonmot ver-

Bei manchen Filmen ist der Soundtrack die Entschuldigung für die Handlung. Saturday Night Fever *war einer davon.*

anlasst hat: »Was, morgen geht die Welt unter? Das macht nix, da bin ich eh in Freising!« Wo waren Sie, als die Welt Fieber bekam? Der Saal tobte. Nicht so sehr wegen Travoltas affigem Anzug oder gar der scheuen Olivia. Nein, dieser grandiose Fistelstimmen-Soundtrack der längst tot geglaubten Bee Gees war's, der Discos gebar wie der Urknall das All. Sogar auf dem Land sollten bald Kugeln glitzern und Stroboskope blinken … Das *Saturday Night Fever* oder die Metamorphose vom Aschenputtel zum Schneewittchen begann so gegen 19 Uhr. Baden, Salben, Schminken und Aufstylen – unter fachfraulicher Aufsicht. Schließlich wussten wir als alte Pfadfinderinnen Bescheid: *Be prepared.* Modisch traten wir stets sehr eigenwillig in Erscheinung, nachdem mangels Geld Fantasie und Kombinationsgabe zählten. Designerkleidung war für uns das, was das Damenoberbekleidungshaus Wiesmayr alten Frauen und braven Mädchen andrehte.

Das Telefon im Flur klingelte: Es war stationär und konnte noch nirgendwohin mitgenommen werden. Was für eifersüchtige Freunde eine Qual, für freiheitsdurstige Mädchen hingegen ein Segen war.

Vor 22 Uhr brauchte man noch nicht einmal die Nase vor die Tür zu stecken. Wir mussten aber erst einmal die 20 Kilometer in die Stadt zurücklegen. Trampen bei Wind und Wetter,

Unsere persönlichen Top 12

Wir sind heilfroh, dass wir in dieser Zeit groß wurden, nicht zuletzt wegen dieser Leute und ihrer Musik. Als Gitarre und Mundharmonika zur Grundausstattung gehörten.

Das haben wir so gehört – und hören wir zum Großteil immer noch:

Françoise Hardy, *Frag den Abendwind.* Kinder-, Sommer- und Gewitterstimmung zugleich. Das traurige Chanson der bildschönen Französin schlug 1965 ein wie eine Bombe – und bescherte ihr den Silbernen Otto von *Bravo.*

Sandie Shaw, *Puppet On A String.* Die Britin trat in einer Art Babydoll und meist barfuß auf. Ihr Song vom »kleinen Hampelfräulein«, wie man es damals übersetzte, war in der Jukebox der Eisdiele heiß begehrt.

Tom Jones, *Delilah.* Der Song hatte Sex und Power, vom Tempo her kam auch Barry Ryans *Eloise* gut mit. Peter Alexander sang übrigens damals die deutsche Version von *Delilah* – vom Tiger Jones zum schluchzenden Hauskater ...

The Who, *Live At Leeds.* Zu dieser Platte ist jeglicher Kommentar überflüssig, denn darauf sind *My Generation* und *Summertime Blues.*

(Das Original von Eddie Cochran war eigentlich um Längen besser, aber was soll's?)

Dusty Springfield, *Son Of A Preacherman.* Mit einem solchen Song im Kreuz konnte man getrost zur Party der Katholischen Jugend gehen.

Oder?

Pink Floyd, *Grantchester Meadows,* von dem legendären *Ummagumma*-Album. Es ist ein unheimliches Lied. Eines, das uns seither begleitet.

Dionne Warwick, *I'll Never Fall In Love Again.* Sie war das Coolste überhaupt, ebenso wie ihr Komponist Burt Bacharach. Wer's nicht glaubt, soll sich's auf YouTube ansehen ...

Janis Joplin, *Me And Bobby McGee.* Diese Single erstanden wir von unserem Taschengeld und hörten sie, bis Mutter streikte. Wir verliehen sie und bekamen sie nach Monaten mit einer eingetrockneten Fritte nebst Ketchup verziert wieder zurück.

Don McLean, *American Pie.* Diese Ballade über »the day the music died« riss uns damals wochenlang hin. Sterbenstraurig und verletzlich.

John McLaughlin, *My Goals Beyond.* Die Musik wurde komplexer, differenzierter. Der Bluesrock- und Jazzgitarrist McLaughlin war vielen jungen Musikern ein Vorbild.

Rory Gallagher, *I Fall Apart.* Diesen unglaublichen Song habe ich neulich auf der Straße gesungen gehört – von einem etwa 17-jährigen Jungen. Er hat das recht gut gemacht. Nicht ganz so wie Rory, aber für den Anfang gut. Ich war glücklich darüber.

Van Morrison, *Astral Weeks.* Diese LP von 1968 gilt als eine der besten aller Zeiten ... Van Morrison war damals 23 Jahre alt. Unglaublich!

Madame George ist geblieben. Bis heute sind die Lyrics rätselhaft. Vielleicht muss man dazu in Dublin aufgewachsen sein.

eisklare Nächte bei minus 30 Grad. Sicherheitshalber hatte eine von uns immer eine Fa-Spraydose dabei, zur Selbstverteidigung. Gott sei Dank kam sie nie zum Einsatz. Auch in den Clubs nicht, obwohl etliche schräge Läden darunter waren. Der *Payday* der amerikanischen GIs, die entweder aus Vietnam kamen oder für die unsere Garnisonsstadt eine Durchgangsstation auf dem Weg dorthin bedeutete, war bei den Wirten beliebt und bei der bayerischen Polizei und der amerikanischen Military Police gefürchtet … Doch die Amis gehörten bis zum Abzug der Truppen zum Nachtleben der Stadt wie das Schminktäschchen zum Ausgehen.

Tanzen war eine Offenbarung. Man tanzte allein, nur angedeutet miteinander. Stehblues war so was von out. Man sah sofort, wer begabt war und wer nicht. Wir haben wunderliche Traumtänzer gesehen voller Grazie und Eleganz, selten Tänzer und Tänzerinnen mit wirklich sagenhaftem Sex-Appeal, aber auch viele redliche Headbanger, Luftgitarrenspieler und andere gutmütige Trampeltiere. In den Discos ver- und entliebte man sich rasant und heftig, bis der Hahn krähte. Dort nahmen Ehen oder lebenslängliche Beziehungen ihren Anfang. *Good Vibrations* von den Beach Boys oder Eric Burdons *Tobacco Road* waren unsere Lieblingshits, ebenso *And When I Die* von Blood, Sweat & Tears. Man tat sogar was für die Bildung: Am Sonntag machten wir im Lieblingsclub von 20 bis 21 Uhr die Hausaufgaben mit dem

mürrischen, aber hilfsbereiten DJ Fritz. Sogar das Rechnen fiel in der Praxis leichter: Beim Barkeeper gab's Gin Tonic zum Sonderpreis, unser Taschengeld belief sich wöchentlich auf fünf Mark …

Am Wochenende waren alle da: die Schönen, Wilden, die Hochnäsigen und Traurigen, alles, was Rang und Namen hatte … Irgendwann kamen Tanzlokale für die 30-Jährigen auf. Was haben wir darüber gelästert. Jetzt sind wir selbst dafür längst zu alt. Richtig gruselig wurde es uns jedoch bei einer Tatort-Folge mit Edgar Selge zumute, in der ein Mörder alten Jungfern beim Tanztee auflauert, während im Hintergrund die Lieblingssongs aus unserer Jugendzeit laufen …

Fragile Charaktere, psychedelische Zeiten

Unsere Jugend: War sie ein einziges spätes Blumenkinder-Paradies? Wo lauerte die Schlange im Garten Eden? Wo blühte der Baum der Erkenntnis? Die Erinnerung arbeitet mit Weichzeichner. Allein, dass wir zusammen jung waren, versieht den Blick zurück mit einem verklärenden Schleier, mildert allzu scharfe Kanten. »Weißt du noch?« wird zur Rückversicherung, dass alles gut war, wie es war. Komischerweise möchte aber kaum jemand, abgesehen von der einen oder anderen Eitelkeit in Bezug auf die Optik, noch einmal 16 oder 18 sein. Warum? Weil das Erwachsenwerden

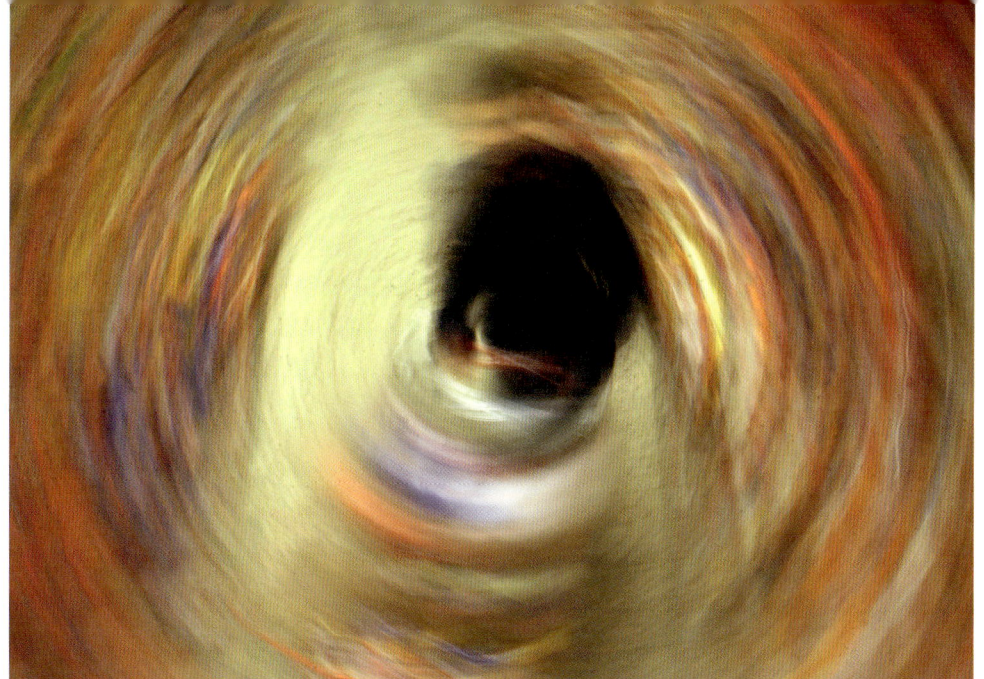

Die Joints musste man noch in mühsamer Kleinarbeit bauen, LSD dagegen zerging buchstäblich auf der Zunge. Die Mühelosigkeit täuschte viele darüber hinweg, dass sie es hier mit einem anderen Kaliber zu tun hatten. Allzu viele tauchten aus dem Strudel nicht wieder auf.

ziemlich schwierig war. Gut, das ist es immer, könnte man entgegnen. Aber es war auch eine gefährliche Zeit, zumindest in der Stadt, in der wir zur Schule gingen. Kaum zu glauben, *wie* gefährlich diese Zeit war – und wie wenig unsere Eltern darum wussten. Sie dachten, ihre Kinder spielten noch. Viele Kinder aber haben manches Spiel nicht überlebt. Sie starben auf Schultoiletten, in Parks, aufrecht in ihren Betten sitzend. Darunter die schönsten Mädchen der Klasse, die coolsten Jungs, die sich auf einmal von den anderen absonderten. Die jetzt ein Geheimnis hatten vor diesen Babys vom Land. Noch kannte man die Auswirkungen nicht, man ahnte nicht, welch tödlicher Bedrohung sie sich hingaben. Viele waren, was Drogen anbelangt, ausgesprochen wissbegierig. Vom Pilzesammeln auf betau-

ten Kuhfladen, von Haschisch und Marihuana ging es rasch zum LSD: ein explodierender Kosmos in einem Tropfen wasserheller Flüssigkeit auf Löschpapier. Das Stück zu fünf Mark. Der Entdecker dieser Substanz, der Schweizer Chemiker Albert Hofmann, hatte sich davon eine spirituelle Therapie für psychisch Kranke erhofft. Ein Einswerden mit der Welt, wie er es in vielen Selbstversuchen erfahren hatte. Hofmann warnte allerdings auch davor, wie »saumäßig gefährlich« LSD bei unbedachtem Gebrauch sei. Der Drogenpapst Timothy Leary aber ignorierte dies. Die Lieblingsdroge der Hippies versprach als *pleasure drug* keine therapeutische Erlösung, sondern Spaß, interessante optische Wahrnehmungen und besseren Sex. Blumen wuchsen haushoch, zur Musik der Beatles tanzte Lucy im Himmel mit

»Freedom's just another word for nothing left to lose« – das Heroin machte die Worte von Janis Joplin auf makabre Weise wahr.

Zeiten hat sich in Sachen Drogen wenig geändert: die Techno-Ära hatte ihr Ecstasy, sogar LSD kam auf den »Psychedelic Trance Groove Partys« der Raver wieder zu Ehren. Wir aber möchten es mit dem Entdecker Albert Hofmann halten, der von einem Erlebnis als Kind erzählte: Ein Weizenfeld an einem Frühlingsmorgen, der Wind, der weite Himmel. Mit all seinen LSD-Versuchen habe er nur dem Gefühl in diesem Moment nahe kommen wollen. Wer dieses Einssein mit der Natur erfährt, kann viele Gefahren umschiffen – und seinen Kindern dabei helfen.

Die kleine Kommune in unserer Straße

Den Gemeinderat hat es in den 70ern arg gebeutelt, nicht nur in unserem Ort. Nachdem die Teestube fürs Erste in der Einöde untergegangen war, drohte neues Ungemach, welches noch mehr junge Leute auf noch tückischere Weise anstecken sollte. Man wollte nämlich, sobald es ging, dem Elternhaus den Rücken kehren, mit anderen zusammenleben und *frei sein.* »Hotel Mama« war nicht angesagt, im Gegenteil. Mit siebzehn machten viele die Mücke, notfalls über Umwege. Es ehrt unseren Jahrgang, finde ich, dass wir nicht ewig Teil der Sofagilde bleiben mochten. Obwohl wir wenig Ahnung von Haushaltsführung hatten, wagten wir es dennoch, anstatt im Jugendzimmer zu hocken, bis wir drei-

Diamanten … Von einem guten Trip kam man wie ein neugeborenes Kind zurück, von einem schlechten oft gar nicht mehr. Wenn die durch das LSD gemachten Erlebnisse nicht mehr ausreichten, kam das Heroin. Dann war es eigentlich schon zu spät. Wir kennen wenige, die das Ganze überstanden haben. Warum hatten sie damit angefangen? Aus Neugierde, und zugleich aus Langeweile. Wie Jimi Hendrix und Janis Joplin wohl auch … Juliane Werding melkte *The Night They Drove Old Dixie Down* für ihre biedere Anti-Drogen-Ballade *Am Tag, als Conny Kramer starb.* Und wer von uns, es sei denn, er wäre extrem behütet aufgewachsen, kannte keinen Conny? *Wir Kinder vom Bahnhof Zoo* erzählte später erstmals vom Fixerelend, das so stolz und überlegen begonnen hatte. Im Laufe der wilden

ßig waren. Lieber trugen wir alle fla-
mingofarbene T-Shirts und Jeans: das
alte Dilemma mit Koch- und Buntwä-
sche … Nein, wir wollten weg. Ein
paar hatten es schon geschafft: Da gab
es eine hübsche gelbe Villa unten am
Bach, die ohne ideologische Vorbe-
halte an eine »Kommune« vermietet
wurde. Und dann war da noch eine
ziemliche Bruchbude, deren Besitzerin
fleißig dem Whisky zusprach und
mangels Überblick alle dort mit
»Hauptmieter Charlie« anredete. Wir
hätten ums Leben gerne dort ge-
wohnt! Einstweilen begnügten wir
uns damit, ständig zu Besuch zu kommen. Wie aufregend es dort war!
Alles wurde basisdemokratisch ent-
schieden. Mit dem Ergebnis, dass alle
über Waldis Hartkäse im Kühlschrank

herfielen, weil es sonst nichts gab. Abgesehen von den gelegentlichen legendären Hammelkeulen, zu denen
sogar die *beautiful people* aus der Stadt
aufs Land strömten: der coole James,
die wunderschöne Sonja … Wieder
andere WGs waren eher ökologisch
orientiert, was bedeutete, dass man ta-
gelang auf einem steinigen Acker he-
rumkratzte, während die Bauern sich
hinter unserem Rücken totlachten.
Danach war Schluss mit Rüben! Stattdessen saßen wir, Weiblein wie Männ-
lein, am selbst gebauten Spinnrad und
hielten uns gar nicht schlecht. Männer strickten Mützen und wussten mit
Hilfe zweier Pappdeckel sogar einen
ganz ansehnlichen Bommel zu verfer-
tigen. Wir spielten Kniffel bis zum Ab-
winken und drehten im Auto die un-

*Uns war schon damals bewusst, wie wertvoll die Erfahrung einer grenzenlosen Freiheit in der
Natur war, von der auch LSD-Entdecker Albert Hofmann spricht. Vielleicht konnten wir deshalb
auf bestimmte Experimente mit »künstlichen Paradiesen« (weitgehend) verzichten.*

vergleichliche *Rocky Horror Picture Show* laut auf. Michael Endes *Die unendliche Geschichte* war Pflichtlektüre in diesen WGs, ebenso *Der Herr der Ringe* – beides haben wir subversiv ignoriert. Manchmal schwänzte man die Schule und schrieb stattdessen mit Enteiser »Schulfrei« auf die Windschutzscheibe.

Anders als bei Uschi Obermaier und Rainer Langhans in der Kommune I aber ging es, zumindest in den vielen WGs, die wir kennengelernt haben, moralisch eher unspektakulär zu – mochten sich auch die gottesfürchtigen Nachbarn die Nasen an den Fenstern platt drücken. Wo blieben die ersehnten Orgien? Noch nicht einmal auf eine Kommune konnte man sich

verlassen! Dafür krähten bald die ersten Kinder aus den Tragetüchern. Die hatten es nicht immer leicht mit der freien Erziehung ihrer Studenten-, Lehrlings- oder Aussteigereltern.

Heute sind wir froh, wenn unsere Kids mit anderen zusammenwohnen; es lehrt einen vieles, vom stoischen Tragen rosa verfärbter Unterhosen einmal abgesehen … Mittlerweile ist sogar die Alters-WG ein Thema – aber nur mit Putzplan!

Politik? Wie bitte?

Politik – stinklangweilig! So dachten wir gähnenden Kinder. Die Eltern reden stundenlang darüber. Das heißt,

Che lebt!

Jeder kennt es, das berühmte Bild Che Guevaras, auf dem er in revolutionärem Tiefsinn von Millionen Stickern, Tassen, T-Shirts und anderen Kuba-Devotionalien in die Ferne blickt. Es gilt als das am häufigsten reproduzierte Foto der Welt.

Entstanden ist es 1960 in Havanna während einer Rede Fidel Castros. Mit auf der Bühne saß neben einigen anderen der Leiter der kubanischen Nationalbank, Che Guevara, und sah in die Menschenmenge hinab.

Das Bild – im Grunde ein Schnappschuss – stammt von Alberto Korda, der bis zu seinem Tod 2001 für die kubanische Regierung fotografierte. Berühmt

wurde es, weil Korda dem italienischen Verleger Feltrinelli bei dessen Kubareise einen Abzug schenkte. 1967, bei den Trauerfeiern nach Che Guevaras Tod, hing der retuschierte Ausschnitt mit seinem Gesicht überlebensgroß an einer Hauswand in Havanna – und war auf dem besten Weg zur Ikone. Feltrinelli kümmerte sich um die weitere Vermarktung. Alberto Korda zog keine Gewinne aus der weltweiten Verbreitung des Porträts, was ihn nicht weiter zu stören schien, sah er sich doch als »Fotograf für die Revolution«. Erst 2001 wurde es ihm zu bunt, als eine Wodkamarke mit Ches Konterfei warb. Korda wurde Schadensersatz zugesprochen und seine Urheberschaft gerichtlich festgestellt.

sie streiten wie die Besenbinder, weil die Mutter das Parteibuch der SPD in der Bügelmaschine versteckt hat. Der Vater ist politisch so schwarz, wie man nur sein kann. Oder er wählt die FDP. Die Grünen gab es damals noch nicht, auch keine Zusammenschlüsse frustrierter Bürger und unfreier Wähler, keine »Republikaner« – alte Nazis dagegen noch genug. Durch Zeitung und Radio bekamen wir einiges mit. Wir aber waren beschäftigt: mit uns selbst. An der großen Hippie-Bewegung, aus Protest gegen den Vietnamkrieg entstanden, hatten wir nur mehr durch die Musik Anteil. »Rules and regulations, who needs them?«, sangen Crosby, Stills and Nash in *Chicago*. Zwar kannten wir den *Universal Soldier* von Donovan auswendig, der Film *Johnny zieht in den Krieg* erschütterte uns. Wir interessierten uns dennoch nicht nur peripher für Politik, sondern überhaupt nicht. Sie existierte kaum für uns. Das hat sich mit zunehmendem Alter dann schon noch geändert. Dabei war unser Alltag in jener Zeit alles andere als unpolitisch, als ein Lehrling mit langen Haaren zu hören bekam: »Du schaust ja aus wie a Jud, dich hätt' der Adolf vergast«. Oder das beliebte: »Dann geh doch nach drüben!« Die Baader-Meinhof-Bande war uns ein nebulöser Begriff. Natürlich rätselten wir, was es mit Terroristen und Sympathisanten auf sich hatte, denn der Allgegenwart dieser Begriffe in der bundesdeutschen Öffentlichkeit der 70er-Jahre konnten wir uns auch mit dem allergrößten Desinteresse

Die Plakate der RAF-Fahndung brachten die Politik in jeden Winkel des Landes – ob man sich dafür interessierte oder nicht.

nicht entziehen. Doch wir waren zu sehr beschäftigt mit unseren eigenen Angelegenheiten, um all dem die Bedeutung zuzumessen, die es für »den Staat« hatte. A propos: Die Präsenz von Che-Guevara-Postern in Küchen oder RAF-Emblemen in Schlafzimmern war *kein* politisches Statement, sondern eher eine Art Folklore. Später dann kam das quasi-politische Engagement allmählich ins Rollen. Dessen Anfänge entbehrten bei aller Ernsthaftigkeit in der Sache aber durchaus nicht der Komik: Ich erinnere mich an Gruppenabende in der Land-WG, die einen im Nachhinein verdächtig an DDR-Selbstbezichtigung gemahnten: »Nein, ich habe wieder nicht

Das Anti-Atomkraft-Logo war fast so verbreitet wie Che und kommt selbst im Jahre 2008 noch zum Einsatz, wie auf diesem Luftballon.

Endlich 18 oder Mein erster Bertelsmann-Vertrag

Was tut man, wenn man am nächsten Tag 18 wird? Man unterschreibt einen Wisch, an den man eine Minute zuvor noch nicht einmal einen Gedanken verschwendet hat. Einfach, weil man es jetzt darf. Nein, wir haben keine Einwilligung für eine Busenkorrektur unterzeichnet, auch keine rosa Krankmeldung fürs erste legale Schulschwänzen. Wir fielen in der Fußgängerzone auf einen Werber herein, und dann hieß es auf Jahre: »Willkommen im Club!« Was dem einen zum Segen gereicht, ist des anderen Fluch. Der Segen war allgegenwärtig: Der Bertelsmann-Buchclub war eine Institution, er hatte eine einzigartige Monopolstellung. Beschränkte Titelauswahl bei flächendeckender Ausbreitung. Angefangen hatte Bertelsmann mit christlichen Erbauungsbüchern. Es folgten Buchlieferungen für die Wehrmacht und später die Versorgung bildungsferner Schichten mit gängiger leichter Kost. Bertelsmann besorgte die literarische Ausstattung des deutschen Wohnzimmers: Er füllte die Bücherwand. Ein schwül-schwülstiger Bestseller, der so manchen von uns als erste Blaupause der Leidenschaft galt, war Anne Golons *Angélique*. In zwölf Bänden war für etwas Erotik und viel Drama gesorgt … Manche todmüde Hausfrau, die sich mit Heimarbeit noch etwas dazuverdiente, träumte sich für zehn Minuten in den Harem, bevor ihr auf der Couch die Augen

abgespült! Vergebt mir!« Oder als ich Mitglied einer Landshuter Frauengruppe war, die zum Zeichen ihrer Emanzipation Pfeife schmauchte, was grausig schmeckte … Oder an die Anti-AKW-Phase in eigenhändig gesponnenen, gefärbten und gestrickten Schafwollsäcken und lila Latzhosen. Und die Menschenkette. Unvergesslich die skandierende Menge: »Lieber Pershing zwei als Peter Maffay!« …

A propos »Atomkraft? Nein Danke.« Mein erstes und hoffentlich letztes Tschernobyl habe ich erst zwei Tage nach dem Bekanntwerden der Katastrophe mitgekriegt: »Was? Du weißt nicht, was passiert ist? Lebst du hinter dem Mond?«, hieß es fassungslos am Telefon. Das hab ich mir dann doch zu Herzen genommen, und seither versuche ich, politisch informiert am Ball zu bleiben. Zumal die Pilze in Bayern bis heute verstrahlt sind.

zufielen. Der Katalog bot freilich auch akustische Preziosen: Heintje sang auf Ariola *Mama* und *Ich bau dir ein Schloss*. Ach Angélique, ach du Goldjunge … Der Club war schon deshalb praktisch, weil man bei langweiligen Besuchen bei Verwandten ins Regal greifen und sich mit einem Schmöker verziehen konnte. Dasselbe gilt für den ebenso allgegenwärtigen *Reader's Digest*. Vier mehr oder weniger große Romane der Weltliteratur gab es in einem *Reader's Digest Auswahlbuch* in zusammengeschmurgelter Form. Manchen Schöngeist ließ dieses Verhackstücken erschaudern.

Uns standen aus anderen Gründen auch bald die Haare zu Berge: Man kam zwar leicht in so einen Buchclub hinein, aber nur sehr schwer wieder hinaus. Ignorierte man die zarten Aufforderungen zum Erwerb eines »Quartalsbuches«, kam es dreist per Post. Die Kündigungsfristen waren so geheimnisvoll wie die Verheißungen der Apokalypse. Wir hatten aber kein Geld. Die fünf Mark Taschengeld gingen ja schon für die wirklich wichtigen Dinge drauf. Ich weiß nicht mehr, wie lange wir in jener bedrückenden Knechtschaft lebten, bis wir endlich freikamen. Uns half, dass wir *de iure* noch nicht volljährig gewesen waren, als wir unterschrieben hatten, sondern nur gefühlte 18. Dumm gelaufen!

So, wie auch wir einst jung und begehrt waren (na ja, noch ist nicht aller Tage Abend), heute allmählich Falten kriegen und selbst die unver-

Der erste deutsche Reader's Digest *von 1948 (links) und die Ausgabe vom Juli 2008. Die Auflage liegt immerhin noch bei 800 000.*

wüstliche Angélique ein müdes Rückgrat bekommen hat, wurde auch aus dem Buchclub, dem Requisiteur all unserer Elternhäuser, ein – man mag es gar nicht sagen – »schrumpfendes Geschäftsfeld«. 2008 verkündete die Firma Bertelsmann, sie wolle ihre Buchclubs verkaufen. Wie oft haben wir wegen der im Zuge unserer unbedachten Gier zustande gekommenen Mitgliedschaft den Bertelsmann-Buchclub verflucht! Er saß wie eine Zecke im Lammfell unserer Jugend. Aber die Nachricht, er solle schnellstmöglich verramscht werden, tut weh.

Und damals, am nächsten Tag? Wir durften die erste und einzige Party zu Hause feiern und hatten dafür sturmfrei. Unser Vater zeichnete zur Dekoration auf Packpapier all die Gefahren, die das Erwachsenwerden mit sich bringt. Viele kannten wir schon. Danach ließen sie uns gehen. Wir wurden groß.

Chronik

1. Januar 1959
Staatsstreich in Kuba. Sturz des Diktators Batista. Neuer Regierungschef wird Fidel Castro.

2. Januar 1959
Mit der sowjetischen Lunik I verlässt die erste Raumsonde das Schwerefeld der Erde.

8. Januar 1959
Charles de Gaulle wird Staatspräsident von Frankreich.

1. Februar 1959
Die männlichen Schweizer lehnen in einer Volksabstimmung das Wahlrecht für Frauen ab. Auf Bundesebene dürfen die Frauen schließlich ab 1971 wählen, auf Kantonalebene ziehen die letzten Kantone erst 1990 nach.

3. Februar 1959
Bei einem Flugzeugabsturz über Iowa kommen die Musiker Buddy Holly, Ritchie Valens und Jiles Perry Richardson ums Leben.

4. Februar 1959
80 000 Menschen demonstrieren in Dortmund gegen die Stationierung von Atomraketen. Ihre Parole lautet: »Auch wir wollen so alt wie unser Kanzler werden.« Bundeskanzler Adenauer ist 83 Jahre alt.

6. Februar 1959
Das Bundesverteidigungsministerium bestellt bei der amerikanischen Firma Lockheed die ersten Starfighter.

15. Februar 1959
Erstmals in der BRD wird im Regierungsbezirk Düsseldorf ein Radargerät zur Geschwindigkeitsmessung eingesetzt.

9. März 1959
Auf der New Yorker Spielwarenmesse wird von der Firma Mattel die erste Barbiepuppe präsentiert.

10. März 1959
Der Volksaufstand der Tibeter gegen die chinesische Besatzung wird blutig niedergeschlagen. In der Folge flieht der Dalai Lama, das geistliche Oberhaupt der Tibeter, nach Indien und etabliert dort eine Exilregierung.

24. April 1959
Der Mitteldeutsche Verlag veranstaltet die erste Bitterfelder Konferenz. Es soll geklärt werden, wie die Werktätigen der DDR Zugang zu Kunst und Kultur erhalten sollen. Das Motto lautet: »Greif zur Feder, Kumpel, die sozialistische deutsche Nationalkultur braucht dich!«

11. Mai 1959
Beginn der Außenministerkonferenz in Genf. Der letzte gemeinsame Versuch der Alliierten, sich bezüglich der Deutschlandfrage zu einigen, verläuft ergebnislos.

3. Juni 1959

Die DDR-Volkskammer beschließt das Gesetz über die landwirtschaftlichen Produktionsgenossenschaften. Damit ist die bereits begonnene Kollektivierung der Landwirtschaft besiegelt.

5. Juli 1959

Wirtschaftliche Eingliederung des Saarlandes in die Bundesrepublik

11. Juli 1959

Die Weltausstellung der Kunst, die Documenta II, wird in Kassel eröffnet und dauert bis zum 10. Oktober.

18. August 1959

Der britische Kleinwagen Austin Mini kommt auf den Markt.

12. September 1959

Eröffnung einer Mahn- und Gedenkstätte auf dem Gelände des ehemaligen Konzentrationslagers Ravensbrück

13. September 1959

Amtsantritt von Heinrich Lübke als Bundespräsident

26. September 1959

Marsch auf Bonn: 60 000 Bergleute demonstrieren gegen das Zechensterben und fordern soziale Absicherung.

1. Oktober 1959

Die Volkskammer verabschiedet das Gesetz über die neue Staatsflagge der DDR: Hammer, Zirkel und Ährenkranz vor schwarz-rot-goldenem Hintergrund.

4. Oktober 1959

Die sowjetische Raumsonde Lunik 3 wird gestartet, um erstmals Bilder der erdabgewandten Seite des Mondes zu machen.

29. Oktober 1959

In der französischen Zeitschrift *Pilote* erscheint die erste Folge von *Astérix le Gaulois (Asterix der Gallier)*.

8. November 1959

Eintracht Frankfurt wird Deutscher Fußballmeister – mit 5:3 gegen Kickers Offenbach im Finale von Berlin.

13. November 1959

Beginn des Bad Godesberger Parteitags. Die SPD beschließt die Abkehr vom Marxismus und vollzieht den Wandel zur Volkspartei.

12. Dezember 1959

Der Kreis Eilenburg im Bezirk Leipzig wird erster »vollgenossenschaftlicher Kreis« der DDR.

18. Dezember 1959

In Hamburg wird die Teilchenphysik-Forschungsstiftung DESY (Deutsches Elektronen-Synchrotron) gegründet. Die Forschungsanlage selbst wird 1964 fertiggestellt.

29. Dezember 1959

Der amerikanische Physiker Richard Feynman hält seinen wegweisenden Vortrag *There's Plenty Of Room At The Bottom,* worin er erstmals die Möglichkeiten der Nanotechnik andeutet.

Über dieses Buch

Die Autorin

Caroline Rusch, als erste von Zwillingen geboren, ist die Tochter eines Texaners und einer Münchnerin. Aufgewachsen ist sie in Bayern, genauer: im Lechrainischen, in Mering bei Augsburg. Die meisten werden diesen Ort nur kennen, weil dort die Bahn gern auf offener Strecke hält ... Von einer vor allem in Latein hoffnungslos unbegabten Schülerin führte sie ihr Weg zur Keramikerin, von dort aus auf dem zweiten Bildungsweg zu Abitur, Studium und Promotion zum Dr. phil. Heute ist sie freie Autorin und Journalistin, schreibt unter anderem für die *FAZ* – und ist außerdem als Lateinlehrerin tätig!

Bildnachweis

dpa picture-alliance: 4 oben links (epa), 4 oben rechts (Vyarawalla), 4 unten links (AFP), 4 unten rechts (Herold), 6 (epa), 7 (91040), 9 (Vyarawalla), 11 (AFP), 12 (Publifoto), 13 (91050/KPA/TopFoto), 14 (Kurt Rohwedder), 15 (Herold), 18 (ADN), 19 (akg-images), 20 (akg-images), 21 (akg-images), 23 (dpa), 24 (Klaus Heirler), 26 (akg-images/Pansegrau), 29 (Peter Roggenthin), 30 (dpa-Film AFM), 31 (DB Egmont Ehapa Verlag), 32 (Repro-Jansen), 35 (Carmen Jaspersen), 44 (KNA), 46 (91050/KPA/Top Foto), 47 (akg-images/Guenter Rubitzsch), 50, 52 (Universal Pictorial Press Photo), 55 (Peer Grimm), 56 (Polfoto), 57 (Brigitte Frank/CHROMORANGE), 59 (dpa bka), 60 (Ronald Wittek), 61 (Reader's Digest) **Frank Mardaus:** 33 unten links, 38, 39 **Photodisc:** 51 **Privatbesitz der Autorin:** 16, 21, 25 beide, 27, 28, 33 oben links, 33 oben rechts, 33 unten rechts, 34, 36, 37, 40, 41, 42, 48, 49

Impressum

Es ist nicht gestattet, Abbildungen und Texte dieses Buches zu digitalisieren, auf digitale Medien zu speichern oder einzeln oder zusammen mit anderen Bildvorlagen/Texten zu manipulieren, es sei denn mit schriftlicher Genehmigung des Verlages.

Weltbild Buchverlag
–Originalausgaben–
© 2009 Verlagsgruppe Weltbild GmbH, Steinerne Furt, 86167 Augsburg
3. Auflage 2009
Alle Rechte vorbehalten

Projektleitung: Gerald Fiebig
Redaktion: Carmen Dollhäubl
Umschlaggestaltung: GROW COMMUNICATIONS Agentur für Werbung und Gestaltung, Augsburg
Umschlagfotos: dpa picture-alliance/Peter Kneffel (oben links), dpa picture-alliance/91000 (unten links), Privatbesitz der Autorin (oben rechts und unten rechts)
Innenlayout: Sabine Müller
Layoutrealisation und Satz: Lydia Kühn
Reproduktion: Point of Media GmbH, Augsburg
Druck und Bindung: Firmengruppe APPL, aprinta druck, Wemding

Gedruckt auf chlorfrei gebleichtem Papier

Printed in the EU

ISBN 978-3-86800-064-1

Doppelte Freud

fe • Zerreißpro

ieg • Wir Wirtso

der • Damals hi

hen I Was Youn

roßstadt • Dop

abenkämpfe • Z

Kalten Krieg • V

underkinder • D

Mond • When I

hter der Großst

Freude • Grabe

ßproben im Ka

Wirtschaftswu

Doppelte Freud...
fe · Zerreißpro...
ieg · Wir Wirtsc...
der · Damals hi...
hen I Was Youn...
roßstadt · Dopp...
abenkämpfe · Z...
Kalten Krieg · W...
underkinder · D...
Mond · When I...
hter der Großst...
Freude · Grabe...
ißproben im Ka...
Wirtschaftswun...